"Desde el debut de sus maravillosos escritos, se ha producido un glorioso avivamiento evangelístico con señales que literalmente ha rodeado y saturado el mundo libre. Las semillas y raíces de esta fe fresca, que ha barrido el mundo lanzando a hombres a grandes ministerios, puede remontarse claramente a la influencia de los escritos de la mano ungida y experta del Dr. E. W. Kenyon".

—*T. L. Osborn*, Fundador de Osborn Foundation

"El Dr. E. W. Kenyon fue mi maestro. Le estimo más que a cualquier otro maestro que haya tenido jamás. Su conocimiento y revelación sobre el tema de la confesión de la Palabra de Dios es revolucionario".

—*Don Gossett*, Fundador de Bold Bible Missions

"¡Estoy emocionado por todas las cosas que estoy descubriendo acerca de la relación con Dios y su voluntad para mi vida! Con todo lo que estoy aprendiendo a través de la Palabra y las enseñanzas del Dr. Kenyon, puedo decir con total confianza que nunca más volveré a estar en prisión, o ni siquiera dentro de un auto de policía. ¡Gloria a Dios!".

—*Robert M.*, Maryland

"Me llevé varios libros del Dr. Kenyon a Iraq como ayuda para mi estudio de la Palabra. Mi unidad de la Guardia Nacional y yo regresamos a nuestra ciudad natal el 16 de octubre de 2006. No sufrimos ningún daño durante los doce meses que estuvimos allí destinados, y estamos contentos de estar de nuevo en casa. Las enseñanzas de Kenyon siguen siendo una bendición para mí".

—*Adam Diehl*, New Freedom, PA

Jesús
el
Sanador

E. W. KENYON

WHITAKER
HOUSE

Traducción al español realizada por:
Belmonte Traductores
Manuel de Falla, 2
28300 Aranjuez
Madrid, ESPAÑA
www.belmontetraductores.com

JESÚS EL SANADOR

Publicado originalmente en inglés bajo el título: *Jesus the Healer*

ISBN: 978-1-60374-248-1
Impreso en los Estados Unidos de América
© 2011 por Kenyon's Gospel Publishing Society

Whitaker House
1030 Hunt Valley Circle
New Kensington, PA 15068
www.whitakerhouse.com

Para comentarios sobre este libro o para información acerca de otros libros publicados por Whitaker House, favor de escribir a:
comentarios@whitakerhouse.com.

2 3 4 5 6 7 8 9 10   Ⱳ   17 16 15 14 13 12

CONTENIDO

Palabras iniciales

Este pequeño libro, pero con un mensaje poderoso, viene del corazón del Maestro directamente para usted. Si ha sido derrotado en la lucha de la vida, si no ha conseguido entrar en el programa del éxito, este pequeño libro le mostrara cómo vencer.

- Si está enfermo, hay sanidad para usted.
- Si está débil, le dará fuerzas.
- Si está desanimado, le hará tener el espíritu de un vencedor.

Sea sincero con este mensaje. No lo lea con una mente llena de ideas preconcebidas.

Acérquese a él justa y honestamente, y permita que le haga atravesar la montaña que hay entre usted y la victoria.

—*E. W. Kenyon*

Capítulo 1

LOS DOS TIPOS
DE CONOCIMIENTO

Uno de los recientes descubrimientos en nuestro laboratorio espiritual ha sido que existen dos tipos de conocimiento.

El conocimiento que se enseña en nuestras escuelas, institutos y universidades nos llega a través de los cinco sentidos. Es seguro decir que no hay un conocimiento de química, biología, metalurgia o mecánica, o cualquier otro campo de investigación, que no sea el que nos llega a través de los cinco sentidos: vista, gusto, oído, olfato y tacto. Nuestros cuerpos realmente han sido los laboratorios en los que el trabajo de investigación ha seguido firme a lo largo de los siglos.

Este conocimiento es limitado. No puede encontrar el espíritu humano, ni puede descubrir cómo funciona la mente en el cerebro. No puede encontrar a Dios o descubrir el origen de la materia, la vida, la fuerza o la creación. Lo único que puede descubrir son las cosas que se pueden ver, oír, tocar, oler o sentir. Lo llamamos conocimiento sensorial.

Existe otro tipo de conocimiento que nos ha llegado a través de la revelación llamada la Biblia. Este es un conocimiento por revelación.

Nos pone en contacto con el Creador, explicándonos el "porqué" de la creación: la razón del hombre, la naturaleza del hombre y el objetivo final del hombre. Trata las cosas que los sentidos no pueden descubrir o saber sin la ayuda de este conocimiento por revelación.

Lo triste es que el conocimiento sensorial ha obtenido la supremacía en la iglesia. La iglesia es una organización espiritual, un cuerpo espiritual, que ha de ser gobernado por medio del espíritu en lugar de serlo por los sentidos. Cuando el conocimiento sensorial obtuvo el dominio en la iglesia, (así como en las escuelas teológicas, que son la fuente de la iglesia), la iglesia dejó de ser un cuerpo espiritual y se convirtió simplemente en un cuerpo de hombres gobernados por el conocimiento sensorial.

Puede usted ver por qué el conocimiento sensorial, que no puede entender las cosas espirituales, negará los milagros, la respuesta a la oración, y negará la deidad de Jesús, desacreditando su resurrección y milagros. Es de esperar que el conocimiento sensorial niegue lo milagroso, porque no se pueden explicar ni entender.

La principal búsqueda del conocimiento sensorial ha sido la realidad. El espíritu del hombre la anhela; sin embargo, la realidad espiritual no se puede encontrar a través de los sentidos. Sólo se puede descubrir a través del espíritu.

El conocimiento sensorial ha empujado a hombres llamados filósofos, quienes buscan la realidad. Es un hecho destacado, digno de consideración por todos los hombres, que el hombre que realmente conoce a

Jesucristo, que ha recibido vida eterna, nunca acude a la filosofía. Si antes era filósofo, abandona ese camino porque ha llegado a la realidad en Cristo.

Jesús dijo: "*Yo soy el camino, y la verdad* [realidad], *y la vida*" (Juan 14:6). Entonces, Jesús es la respuesta a la verdadera filosofía.

Capítulo 2

DIOS ES UN DIOS FIEL

Nunca entendí el "cómo" de la fe hasta que leí este versículo:

Por la fe entendemos haber sido constituido el universo por la palabra de Dios, de modo que lo que se ve fue hecho de lo que no se veía. (Hebreos 11:3)

Como una luz, entendí el secreto de Génesis 1:1: *"En el principio creó Dios..."*.

¿Cómo creó Dios? Por la palabra de fe. Él dijo: *"Sea..."* (Génesis 1:3, 6, 14). Él creó con palabras.

Jesús conocía el secreto de las palabras. Sanó a los enfermos con palabras, resucitó a los muertos con palabras, calmó el mar diciendo: *"Calla, enmudece"* (Marcos 4:39).

Pedro sanó a los enfermos usando el nombre de Jesús. Pablo echó fuera demonios diciendo: *"Te mando en el nombre de Jesucristo, que salgas..."* (Hechos 16:18).

Ellos usaban palabras que nacían de la fe. Eran palabras de fe.

Nos convertimos en hijos de Dios, partícipes de su misma naturaleza, actuando con las palabras. Nos convertimos en hombres y mujeres de fe, usamos palabras de fe, y producimos resultados de fe.

Fe en mi fe

La primera vez que oí esas palabras, me sobresaltaron. Comencé a examinarme y a preguntarme: "¿Por qué las personas no confían en su propia fe?". En cambio, tienen fe en mi fe.

Recibo cartas de muchos países lejanos pidiéndome oración. ¿Por qué? Porque las personas que piden oración no tiene confianza en su propia fe: por alguna razón, carecen de una creencia sólida en lo que son y en quiénes son en Cristo. No han desarrollado su propia fe en lo que Cristo ha conseguido para ellos.

La razón de su incredulidad es que no saben quiénes son y lo que son en Cristo. Sienten que no son lo suficientemente buenos, que su fe no es lo suficientemente fuerte. Conocen bien sus propios fallos y debilidades; aceptan todas las condenaciones desde el púlpito, y siempre están dispuestos a creer cualquier cosa que se diga en su contra, su indignidad, su ineptitud, su debilidad, su falta de fe.

Estos son algunos hechos:

- El Padre no tiene favoritos. Todas las personas nacidas en su familia tienen la misma redención.
- Han sido redimidos de la mano de su enemigo. Satanás fue vencido para cada uno de ellos personalmente.
- Cada creyente puede decir: "Cristo fue entregado por mis transgresiones y resucitado para mi justificación". (Véase Romanos 4:25).
- Cada uno puede decir con confianza: "Dios me ha librado de la potestad de las tinieblas, y me ha

trasladado al reino de su amado Hijo, en quien tengo redención por su sangre, el perdón de pecados". (Véase Colosenses 1:13–14.)

• Es una redención personal y absoluta del dominio del adversario: Satanás.

CRISTO FUE SU SUSTITUTO

Cuando Jesús apaleó a Satanás y le despojó de su autoridad, fue por usted, en Cristo, que Él hizo esa obra. Cristo actuó en lugar de usted; lo hizo por usted.

Ahora puede decir: "En Cristo, vencí a Satanás, le despojé de su autoridad; y cuando Jesús resucitó de los muertos, yo resucité con Él". (Véase Romanos 6:4, 8; Colosenses 2:12–13).

Puede decir con confianza: "Pero Dios, que es rico en misericordia, por su gran amor con que me amó, aún estando yo muerto en mi pecado, me dio vida juntamente con Cristo (por gracia soy salvo), y juntamente con Él me resucitó, y asimismo me hizo sentar en los lugares celestiales con Cristo Jesús". (Véase Efesios 2:4–6).

Cuando usted ocupa su lugar y comienza a asumir sus derechos y privilegios, es cuando Dios comienza a responderle.

Usted tiene la misma vida eterna que tenía Jesús. *"El que tiene al Hijo, tiene la vida"* (1 Juan 5:12). Usted tiene al Hijo; usted tiene la vida.

Ahora puede decir: "He recibido a Jesucristo como mi Salvador. Le he confesado como mi Señor. Dios me ha dado vida eterna, su propia naturaleza. Ahora soy una nueva criatura, creada en Cristo Jesús, y tengo el poder de Dios para hacer las buenas obras que Él ha preparado de antemano para que yo caminara en ellas". (Véase 2 Corintios 5:17; Efesios 2:10).

"Tengo el poder de Dios porque tengo la naturaleza de Dios. Tengo el mismo Espíritu grande y poderoso que levantó a Jesús de los muertos morando dentro de mí". (Véase Romanos 8:11).

Ahora puede declarar: "Mayor es el que está en mí, que el que está en el mundo". (Véase 1 Juan 4:4).

USTED ES SU JUSTICIA

Usted tiene la misma justicia que Jesús: "Al que no conoció pecado, por mí lo hizo pecado, para que yo fuese hecho justicia de Dios en Él". (Véase 2 Corintios 5:21).

Usted puede decir: "Me he convertido en la justicia de Dios en Él".

"Ahora, pues, ninguna condenación hay para mí, porque estoy en Cristo Jesús". (Véase Romanos 8:1).

Esa justicia le da el privilegio de estar en la presencia del Padre como si nunca hubiera cometido pecado.

Usted tiene su naturaleza, usted es su propio hijo, y Él es su Padre.

Usted puede decir: "Él me ha declarado justo. Me ha hecho justo. Soy la justicia de Dios en Cristo".

Como hijo de Dios, (véase Juan 1:12; Romanos 8:14), tiene derecho legal a usar el nombre de Jesús. Nadie tiene más derecho que usted a usar el nombre de Jesús.

ESE NOMBRE TIENE TODA AUTORIDAD

Ahora diga conmigo:

Jesús declara que todo lo que pida en su nombre, me lo dará; valientemente ocupo mi lugar. Impongo mis manos sobre ese ser

18

querido que está enfermo y digo: "En el nombre de Jesús, Enfermedad, sal de este cuerpo; Demonio, sal de este cuerpo y vete al abismo como te corresponde. ¡No vuelvas a tocar nunca a este ser querido!".

Cristo me dijo que los que creen "*sobre los enfermos pondrán sus manos, y sanarán... en mi nombre echaran fuera demonios*" (Marcos 16:18, 17). Esto me lo dijo a mí; lo acepto literalmente, y actúo en base a ello porque Él me lo dijo a mí.

Capítulo 3

EL PADRE NO TIENE FAVORITOS

ue un gran consuelo para mi corazón darme cuenta de que el Padre no tiene favoritos, que todos sus hijos tienen un lugar especial en su corazón. Él ama a todos sus hijos igual que ama al Señor Jesús. Jesús dijo: *"Para que el mundo conozca que tú me enviaste, y que los has amado a ellos como también a mí me has amado"* (Juan 17:23).

Todos tenemos la misma redención.

La obra que Dios realizó en Cristo destruyó totalmente el poder del enemigo, y redime a todas las personas que aceptan a Cristo como Salvador y le confiesan como Señor. Esta redención es de las obras del adversario y de su dominio sobre nuestras vidas.

Todos tienen la misma justicia. Nadie tiene una justicia mejor, o más justa. La justicia viene a través de la nueva creación. Cuando nacemos de nuevo, recibimos la vida y la naturaleza de Dios Padre. su naturaleza nos hace justos. Nadie tiene más justicia que otro.

Todos los que reciben su naturaleza han entrado en la familia y están reconocidos como hijos e hijas del gran Dios Padre. Todos tienen los mismos derechos en la familia:

21

- Puede que cada uno tenga un don diferente, pero el don no le hace ser más querido en el corazón del Padre.
- Todos tienen la misma naturaleza de amor en su interior, el mismo Espíritu Santo que levantó a Jesús de los muertos.
- Todos tienen derecho al mismo tipo de comunión con el Padre.
- Todos tienen derecho a usar el nombre de Jesús.
- Todos tienen derecho a usar la autoridad que hay en ese nombre para liberar a la gente del dominio de Satanás, sanar a los enfermos y echar fuera demonios.

El Padre no tiene favoritos.

Cuanto más cercana sea su comunión con el Padre, más dulce y abundante será su vida.

Capítulo 4

LA PALABRA VIVA

El problema de la sanidad es un problema de tener o no tener fe en la integridad de la Palabra. Muchos nunca lo han reconocido, pero la Palabra es el sanador en la actualidad.

Dios, en Cristo, logró una redención perfecta. En esa redención hay una sanidad perfecta para cada creyente, pero debido a la falta de conocimiento de la Palabra, hay cristianos en todo el mundo que están enfermos. El Salmo 107:20 lo ilustra perfectamente: *"Envió su palabra, y los sano"*.

> *En el principio era el Verbo, y el Verbo era con Dios, y el Verbo era Dios....Y aquel Verbo fue hecho carne, y habitó entre nosotros (y vimos su gloria, gloria como del unigénito del Padre), lleno de gracia y de verdad.*
>
> (Juan 1:1, 14)

Esa es la Palabra que Él envió. Él había enviado su Palabra hablada a través de los profetas. La Palabra viva se hizo carne.

Ahora Él desvela la Palabra que da vida en los Evangelios y las Epístolas. *"Las palabras que yo os he hablado son espíritu y son vida"* (Juan. 6:63). "Pues

23

la palabra de Dios es viva y poderosa. Es más cortante que cualquier espada de dos filos; penetra entre el alma y el espíritu, entre la articulación y la médula del hueso. Deja al descubierto nuestros pensamientos y deseos más íntimos". (Véase Hebreos 4:12 NTV).

La Palabra se convierte en algo vivo en nosotros sólo cuando la aplicamos. La Palabra es Dios hablando. Siempre es un hecho en tiempo presente. Se puede decir que la Palabra es siempre ahora, al igual que Dios es siempre ahora.

La Palabra es una parte de Dios mismo. Dios y su Palabra son uno, así como usted y su palabra son uno.

La Palabra es la voluntad del Padre, al igual que Jesús, la Palabra hecha carne, fue la voluntad del Padre durante su ministerio terrenal. Lo que Dios dice, es; lo que Dios dice, será. Si Él no quisiera que fuese, no lo habría dicho.

Usted puede confiar totalmente en la Palabra de Dios. Quizá haya confiado en las instituciones y los hombres. Las instituciones pueden fallar, los individuos mueren, las naciones se desintegran, pero Dios no puede negarse a sí mismo. (Véase 2 Timoteo 2:13). Detrás de la Palabra está la integridad de Dios. Detrás de su Palabra no sólo está su integridad, sino también su mismo trono.

Hebreos 7:22 declara que Jesús es la seguridad del nuevo pacto: *"Por tanto, Jesús es hecho fiador de un mejor pacto"*. Él respalda cada palabra desde Mateo hasta Apocalipsis, cada palabra fue inspirada por Dios. El trono sobre el que está sentado Jesús respalda cada Palabra.

Fe, esperanza y aprobación mental

Debe haber una distinción clara en su mente entre creer y aprobar mentalmente.

Creer en la Palabra es aplicar la Palabra. La aprobación mental es reconocer la veracidad de la Palabra, la integridad de la Palabra, pero no aplicarla nunca. La aprobación mental es estar fuera de la panadería y desear el pan del escaparate, pero sin tenerlo.

Esperanza no es fe. No es una creencia en el momento. La esperanza es una expectativa confiada de un resultado futuro favorable, pero es algo que mira al futuro.

La fe es siempre ahora. No es pasividad; la pasividad descansa tranquilamente sin ninguna acción, sin decisión, inerte. Creer es aplicar la Palabra. Creer la Palabra no es sólo reconocer su total veracidad, sino también hacerla totalmente suya ahora. Aplicar su Palabra es hacer su voluntad y actuar en su voluntad.

Dios es honrado cuando se aplica la Palabra. Es deshonrado cuando permitimos que nuestra esperanza se convierta en una mera aprobación mental de la veracidad de la Palabra, deseando que en algún momento se haga realidad; y por nuestra pasividad que reposa tranquilamente gozándose en la Palabra pero no teniendo parte en ella.

"El que cree en mí, tiene..." (Juan 6:47). Si verdaderamente cree, ¡tiene!

Su nombre es glorificado cuando aplicamos la Palabra. El Padre es glorificado cuando aplicamos la Palabra.

Recuerde que su trono respalda su Palabra. Su integridad está implicada en ella.

Si permanecéis en mí, y mis palabras permanecen en vosotros, pedir todo lo que queréis, y lo será hecho. En esto es glorificado mi

Padre, en que lleves mucho fruto, y sea es así
mis discípulos.   (Juan 15:7–8)

Ese es el fruto de la Palabra que mora en nosotros, la cual ha provocado oraciones que son contestadas.

EL CASO ESTABLECIDO

Hay dos formas de ver la sanidad.

La idea más común es que la sanidad no está incluida en la obra redentora de Cristo, pero nos pertenece si tenemos fe suficiente para reclamarla. Esta creencia sostiene que la fe es el don de Dios. Si Dios le da fe para su sanidad, será sanado. Si no le da fe, no es necesario que luche por su sanidad. Su única esperanza es el brazo de la carne.

Esta visión es superficial. Es el resultado del conocimiento sensorial. El conocimiento sensorial es el conocimiento del hombre natural que se obtiene a través de los sentidos. Es el tipo de conocimiento que se enseña en la mayoría de nuestras escuelas y universidades.

El otro tipo de conocimiento es el conocimiento por revelación. Enseña que los milagros son para hoy. El conocimiento sensorial lo repudia en gran parte porque está por encima del conocimiento de los sentidos.

La segunda visión de la sanidad es que es parte del plan redentor, que la enfermedad entró con la caída del hombre, y que la enfermedad es una obra del diablo, nuestro adversario. Como la enfermedad llegó con la caída, Dios es el Sanador natural y lógico.

El hombre no puede tratar el problema del pecado. No puede ser justo por sí mismo. No puede limpiarse de la conciencia de pecado. Todo eso se consigue sólo a través de la obra terminada de Cristo. Dios planeó que cuando fuéramos regenerados (la regeneración que viene cuando recibimos la naturaleza y vida de Dios), fuéramos justos y partícipes de su justicia, que es su misma naturaleza. Esto nos daría la posición de hijos.

La nueva creación es algo más que ser bautizados o confirmados. Es recibir la vida y la naturaleza del Padre. Nuestro espíritu es regenerado al recibir vida eterna.

Isaías 53 contiene la clave de la redención. Jesús fue hecho pecado con nuestros pecados. No sólo fue hecho pecado con nuestros pecados, sino que fue hecho enfermedad con nuestras enfermedades.

Al hombre natural se le llama pecado o iniquidad:

No os unáis en yugo desigual con los incrédulos; porque ¿qué compañerismo tiene la justicia con la injusticia? ¿Y qué comunión la luz con las tinieblas? (2 Corintios 6:14)

Al creyente se le llama justicia; al incrédulo se le llama injusticia. Al creyente se le llama luz y al incrédulo se le llama tinieblas. El incrédulo no sólo ha cometido pecado, sino que *es* pecado.

Del mismo modo que el pecador es "pecado", el hombre enfermo no sólo está enfermo, sino que es "enfermedad". El pecado trata con el espíritu; la enfermedad es algo espiritual revelado en el cuerpo.

"¿Y qué concordia Cristo con Belial?" (2 Corintios 6:15). Al creyente se le llama Cristo porque Cristo es parte del cuerpo. El pámpano es parte de la vid, y forma parte de la vid tanto como la vid misma. *"Porque así como el cuerpo es uno, y tiene muchos miembros, pero todos los miembros del cuerpo, siendo muchos, son un solo cuerpo, así también Cristo"* (1 Corintios 12:12).

Al hombre que está fuera de Cristo se le llama Belial. Esto concuerda perfectamente con 1 Juan 3:10:

"En esto se manifiestan los hijos de Dios, y los hijos del diablo".

Cuando Dios depositó nuestros pecados sobre Jesús, nos depositó a nosotros sobre Jesús. Depositó al hombre completo sobre Jesús: nuestros pecados, nuestras debilidades, nuestros achaques y enfermedades, nuestra unión con el adversario. Jesús se convirtió en pecado con nuestro pecado, se convirtió en enfermedad con nuestra enfermedad.

"Con todo eso, Jehová quiso quebrantarlo, sujetándole a padecimiento" (Isaías 53:10). Otra traducción dice: "Formaba parte del buen plan del Señor aplastarlo y causarle dolor".

> *Todos nosotros nos descarriamos como ovejas, cada cual se apartó por su camino; mas Jehová cargó en él el pecado de todos nosotros.* (Isaías 53:6)

AFLIGIDO EN ESPÍRITU

Jesús fue afligido con nuestras enfermedades. Fue afligido con nuestro pecado. Éste fue el método de Dios para tratar el problema del pecado. De esta manera lo resolvió. Ya no existe ningún problema con el pecado. Cristo apartó el pecado y cumplió con las demandas de justicia para el hombre.

El verdadero problema es el "problema del pecador".

No hay ningún problema con la enfermedad, simplemente existe el problema de que el creyente conozca su herencia en Cristo.

Cuando Juan el Bautista dijo: *"He aquí el Cordero de Dios, que quita el pecado del mundo"* (Juan 1:29), estaba diciendo públicamente que este Hombre a quien había bautizado era el sustituto del pecado, el sustituto de la enfermedad para la raza humana.

El pecado y la enfermedad provienen de la misma fuente. Satanás es el autor de ambos. Estoy seguro de que el orden de Dios es que el creyente sea tan libre de la enfermedad como lo es del pecado. Debería ser tan libre del temor a la enfermedad como lo es de la condenación del pecado.

Dios no puede ver pecado en la nueva creación, ni tampoco puede ver enfermedad en la nueva creación.

Santiago escribió: "*¿Está alguno enfermo entre vosotros?*" (Santiago 5:14).

No debería haber ningún enfermo entre ustedes, pero si hay algún enfermo, esto es lo que debería hacer.

Era el plan del Padre que cada creyente supiera lo que Pedro nos dijo: "*Quien llevó el mismo nuestros pecados en su cuerpo sobre el madero, para que nosotros, estando muertos a los pecados, vivamos a la justicia; y por cuya herida fuisteis sanados*" (1 Pedro 2:24).

El Padre quiere que sepamos que cuando Él puso nuestros pecados y enfermedades sobre Jesús y Jesús los llevó sobre Él, el pecado y la enfermedad dejaron de tener dominio sobre nosotros para siempre. (Véase Romanos 6:14).

En segundo lugar, quiere que sepamos que la enfermedad no pertenece a la familia de Dios. Si existe alguna enfermedad entre nosotros, es debido a que no conocemos bien nuestros derechos y privilegios en nuestra redención. Se debe a una falta de conocimiento de que Dios, al poner nuestras enfermedades sobre Cristo, arregló el problema de la enfermedad en la redención.

Deberíamos ser tan libres del temor a la enfermedad como lo somos de la condenación del pecado. Ambos provienen del adversario.

En el nuevo nacimiento, todos los pecados son remitidos. La naturaleza de pecado es desplazada por la naturaleza de Dios. La enfermedad se va con los pecados, así que el Padre no puede ver enfermedad en la nueva creación. Él lo puso todo sobre Cristo.

Cuando reconozcamos el hecho de que nuestra enfermedad fue puesta sobre Cristo, que Él llevó nuestras enfermedades en su cuerpo sobre el madero, y que por su llaga fuimos nosotros sanados, será el fin del dominio de la enfermedad sobre nuestras vidas.

Pero este conocimiento no es válido hasta que no diga usted en su corazón: "Ciertamente Él llevó *mis* enfermedades y *mis* dolores, y por su llaga *yo* he sido sanado" como si usted fuera la única persona enferma en el mundo.

La Palabra es como Dios: eterna. No se puede destruir. Él la cuida para que sea una realidad.

Su Palabra creó al hombre. Ahora Él se está edificando dentro del hombre a través de la Palabra. La Palabra es parte de Él mismo, y es Él quien está cambiando la conducta de los creyentes y haciéndoles estar en armonía con Él mismo. Él se comparte con nosotros; nos da su naturaleza en la nueva creación. Se hace uno con nosotros.

Estamos unidos a Él en el nuevo nacimiento. Debemos aprovecharnos de esta unión. Su naturaleza nos da una nueva capacidad, nueva sabiduría, y debemos aprovecharnos de ello.

Su fuerza es nuestra; su vida es nuestra; su salud es nuestra; su capacidad es nuestra.

La enfermedad es obra de Satanás. Cuando usted habla de ella, le glorifica. Ignora el hecho de que Dios puso esa enfermedad sobre Jesús y que Jesús se la llevó.

La Palabra dice que usted ha sido sanado. Acostúmbrese a aplicar la Palabra de Dios declarando sus palabras, confesando lo que Dios dice que usted es y lo que Dios dice que usted tiene en Él.

Capítulo 5

EL VALOR DE LA CONFESIÓN

Es necesario que haya una confesión continua de nuestra redención del dominio de Satanás y de que ya no nos gobierna con condenación o temor a la enfermedad. Tenemos que apropiarnos de esta confesión, porque nuestra confesión es la derrota de Satanás.

- Los creyentes no pedimos ser sanados porque ya hemos sido sanados.
- No pedimos ser justificados porque hemos sido hechos justos.
- No pedimos ser redimidos porque nuestra redención es un hecho cumplido.

En la mente del Padre, estamos perfectamente sanados y perfectamente libres del pecado, porque Él puso nuestras enfermedades y nuestros pecados sobre su Hijo. Su Hijo fue hecho pecado con nuestros pecados, fue hecho enfermedad con nuestras enfermedades.

En la mente de Cristo, estamos perfectamente sanados porque Él se acuerda de cuando fue hecho pecado con nuestros pecados, de cuando fue hecho enfermedad con nuestras enfermedades. Él recuerda cuando se llevó nuestros pecados y nuestras enfermedades.

En la mente del Espíritu Santo estamos totalmente libres tanto del pecado como de la enfermedad, porque Él se acuerda de cuando Cristo fue hecho pecado y de cuando fue hecho enfermedad. Se acuerda de cuando Él resucitó a Jesús de los muertos. Cristo fue totalmente libre de nuestro pecado y nuestra enfermedad. Con su resurrección, ambas fueron quitadas.

La Palabra declara que *"por su llaga fuimos nosotros curados"* (Isaías 53:5).

El problema es nuestro reconocimiento de la absoluta veracidad de esa Palabra. No es de buen gusto pedirle que nos sane, porque Él ya lo ha hecho. Esta verdad me impactó cuando la entendí por primera vez. Él declaró que estamos curados, y por tanto lo estamos. El único problema ahora es estar en perfecta armonía con su Palabra. Si Él declara que fuimos curados, lo único que debemos hacer es darle gracias por la obra que ya realizó.

LA RENOVACIÓN DE LA MENTE

Siento que debo tocar otro tema brevemente: la renovación de nuestra mente. Lo único que puede entender estas verdades es una mente renovada.

Su espíritu ha sido regenerado, pero no así su mente. Hasta este momento, ha recibido todo su conocimiento a través de los sentidos, por eso debe ser renovada.

> *No os conforméis a este siglo, sino transformaos por medio de la renovación de vuestro entendimiento, para que comprobéis cuál sea la buena voluntad de Dios, agradable y perfecta.* (Romanos 12:2)

Estos versículos apoyan la misma idea:.

*No por obras de justicia que nosotros hubié-
ramos hecho, sino por su misericordia, por el
lavamiento de la regeneración y por la renovación en el Espíritu Santo.* (Tito 3:5)

*Y renovaos en el espíritu de vuestra mente, y
vestíos del nuevo hombre, creado según Dios
en la justicia y santidad de la verdad.*
(Efesios 4:23–24)

*Y revestido del nuevo, el cual conforme a la
imagen del que lo creó se va renovando hasta
el conocimiento pleno.* (Colosenses 3:10)

Esta renovación de la mente se produce meditando
y aplicando la Palabra.

En el momento en que alguien nace de nuevo, debe
pedirle al Espíritu Santo que entre y haga morada en
su cuerpo. Lucas 11:13 muestra la actitud del Padre con
respecto a esto: "*¿cuánto más vuestro Padre celestial
dará el Espíritu Santo a los que se lo pidan?*". Hay una
plena seguridad de que, si se lo pedimos, el Espíritu
hará su morada en nuestro cuerpo.

La mente renovada ve que lo único que puede hacer por su sanidad es alabar al Padre por ella. Dice:
"Mis enfermedades fueron depositadas sobre Cristo,
y Él se las llevó. Estoy curado, y doy gracias al Padre
por haberlo hecho".

Puede que el dolor esté ahí, y quizá sea evidente,
pero es sólo el testimonio de los sentidos. Nosotros rehusamos escuchar el testimonio de nuestros sentidos.
Aceptamos la Palabra de Dios y la aplicamos. Tan

seguro como que Dios está sentado en el trono, Él hará que la Palabra funcione en nosotros.

- No pedimos poder, porque Él, que es el poder, está en nosotros.
- No pedimos sabiduría, porque Cristo fue hecho sabiduría para nosotros.
- No pedimos redención, porque Él es nuestra redención.
- No pedimos santificación, porque Él fue hecho santificación por nosotros.
- No pedimos justicia, porque Él ha sido hecho justicia para nosotros.

Esta vida de fe es lo más hermoso del mundo. Salimos de la vieja realidad de los sentidos donde anteriormente habíamos vivido.

Siempre hemos vivido con Tomás, que necesitó la prueba de los sentidos (hechos físicos) para creer: *"Si no viere en sus manos la señal de los clavos, y metiere mi dedo en el lugar de los clavos, y metiere mi mano en su costado, no creeré"* (Juan 20:25).

Jesús tuvo un encuentro con él en ese punto y le dijo: *"Pon aquí tu dedo, y mira mis manos; y acerca tu mano, y mete la en mi costado; y no seas incrédulo, sino creyente"* (versículo 27).

Después Tomás respondió: *"¡Señor mío, y Dios mío!"* (versículo 28).

Pero Jesús le dijo: *"Porque me has visto, Tomás, creíste; bienaventurados los que no vieron, y creyentes"* (versículo 29).

No deberíamos necesitar la evidencia de los sentidos. Confiemos en la Palabra.

Bendito sea el Dios y Padre de nuestro Señor Jesucristo, que nos bendijo con toda

bendición espiritual en los lugares celestiales
en Cristo. (Efesios 1:3)

Usted está en la familia. Todo lo que el Padre tiene pertenece a sus hijos. Usted es uno de ellos. Usted ha sido bendecido.

SANIDAD PARA EL MUNDO

Dios se encuentra con el hombre en el punto donde está.

La mayoría de las sanidades que hicieron los apóstoles y la iglesia primitiva fueron entre hombres y mujeres que aún no se habían convertido en cristianos. Eran impíos, o eran judíos.

La sanidad fue el método de Dios para darse a conocer, su método de revelarse a Sí mismo a la mente natural.

Jesús fue un intruso para la esfera de los sentidos. La iglesia, la nueva creación, fue una invasión en la esfera de los sentidos.

Pero hoy, el conocimiento sensorial de los hombres ha invadido la iglesia y la ha hecho prisionera. La esfera de los sentidos es la esfera del hombre natural, el hombre que cree sólo en lo que puede oír, tocar, oler, gustar o ver.

La intrusión de Dios en la esfera del hombre natural en la persona de su Hijo como Cabeza de la iglesia fue una invasión milagrosa.

Marcos 16:16-17 muestra evidencia de esto: *"El que creyere y fuere bautizado, será salvo; mas el que no creyere, será condenado. Y estas señales seguirán a los que creen".*

Nuestra confesión, o bien nos encarcela o nos libera.

Una fuerte confesión acompañada de su correspondiente acción sobre la base de la Palabra hace que Dios entre en escena.

Aferrarnos a nuestra confesión cuando los sentidos la contradicen revela que nos hemos afirmado en la Palabra.

Una confesión inspirada por Satanás es siempre peligrosa. Recuerde que él trajo esa enfermedad y la puso sobre usted. Su reconocimiento de la enfermedad es como firmar para recoger un paquete que le han enviado. Entonces Satanás tiene el recibo de su enfermedad, porque usted la aceptó.

"Ciertamente llevó él nuestras enfermedades, y sufrió nuestros dolores" (Isaías 53:4) es el recibo de Dios para nuestra perfecta sanidad.

Una confesión positiva domina las circunstancias, mientras que una confesión de duda permite que las circunstancias gobiernen. Su confesión positiva es lo que Dios dice sobre su enfermedad. Una confesión negativa permitirá que la enfermedad se haga más fuerte. Así, su confesión o bien le sana o le mantiene enfermo.

La confesión de sus labios debería tener el acuerdo total de su corazón.

Capítulo 6

"ESTAS SEÑALES"

esde el mismo momento en que una persona cree, estas señales habrían de acompañarla:

Y estas señales seguirán a los que creen: En mi nombre echarán fuera demonios; hablarán nuevas lenguas. Tomarán en las manos serpientes, y si bebieren cosa mortífera, no les hará daño; sobre los enfermos pondrán sus manos, y sanarán. (Marcos 16:17–18)

La palabra *creyente* significa "que cree". En el momento en que un hombre nace de nuevo, Dios pensó en que la persona mostrara la nueva creación sanando a los enfermos en presencia de un mundo que necesita ser salvo.

Todo el ministerio de Jesús fue un combate contra las fuerzas demoníacas. Lo mismo es cierto de la iglesia. Toda enfermedad, todo dolor, todo problema, todo pecado, es resultado del odio satánico hacia la raza humana.

"En mi nombre echarán fuera demonios". Los discípulos de Jesús debían ocupar su lugar. Irían al mundo y actuarían por Él.

"*Para esto apareció el Hijo de Dios, para deshacer las obras del diablo*" (1 Juan 3:8). Debemos actuar hoy por Él.

De cierto, de cierto os digo: El que en mí cree, las obras que yo hago, él las hará también; y aun mayores hará, porque yo voy al Padre. Y todo lo que pidiereis al Padre en mi nombre, lo haré, para que el Padre sea glorificado en el Hijo. Si algo pidiereis en mi nombre, yo lo haré. (Juan 14:12–14)

Él no está hablando sobre la oración; está hablando sobre echar fuera demonios, sobre sanar a los enfermos y sobre los milagros.

"*Todo lo que* [demandará] *en mi nombre*". La palabra "*pedir*" significa "demandar". Usted está demandando, como lo hizo Pedro en la puerta hermosa aquella mañana cuando le dijo a ese hombre: "*En el nombre de Jesucristo de Nazaret, levántate y anda*" (Hechos 3:6).

El hombre fue sanado al instante. No era cristiano, no había aceptado a Cristo. Es probable que las grandes multitudes que eran sanadas (como relata Hechos 5), estuvieran compuestas por personas no creyentes. La mayoría de las sanidades en el libro de Hechos fueron sanidades de personas enfermas que aún no eran creyentes. Lea Hechos 5:12–16 con atención. Prácticamente todas esas personas eran judíos no creyentes. En Hechos 8:8–10 se revela de nuevo el poder de Dios. Todos estos milagros llevados a cabo en el nombre de Jesús fueron sobre un mundo que no era salvo.

La iglesia ha perdido su mejor método de darse a conocer. El método de Dios para darse a conocer era a través de los milagros. La sanidad divina tiene un gran ministerio en la actualidad con la gente que no es salva.

Cristo fue un milagro. El cristianismo es Cristo viviendo hoy en los hombres. La encarnación y el nuevo nacimiento son de Dios, y ambos son milagros.

Las oraciones respondidas son un milagro. Cuando la oración no produce milagros, no es otra cosa sino palabras vacías. Un milagro es Dios moviéndose en el ámbito de los sentidos.

No se condene por sus dudas. Cúrelas familiarizarse con su Padre. La confesión siempre va por delante de la sanidad.

No mire los síntomas, sino a la Palabra, y asegúrese de que su confesión sea valiente y vigorosa

No escuche a las personas; aplique la Palabra. Sea un hacedor de la Palabra. Es Dios hablando.

Usted ha sido curado. La Palabra así lo dice.

No escuche a los sentidos. Dé su lugar a la Palabra. Dios no puede mentir.

Capítulo 7

EL MÉTODO DE DIOS PARA SANAR A BEBÉS EN CRISTO

"¿Está alguno enfermo entre vosotros?"
—Santiago 5:14

No debería haber enfermos entre ustedes, porque *"por cuya herida fuisteis sanados"* (1 Pedro 2:24).

Como aún no ha habido desarrollo o crecimiento espiritual y siguen siendo bebés en Cristo, están enfermos.

SANIDAD PARA EL HOMBRE DE MENTE CARNAL

De manera que yo, hermanos, no pude hablaros como a espirituales, sino como a carnales, como a niños en Cristo... porque aún sois carnales. (1 Corintios 3:1, 3)

Carnal significa gobernado por los sentidos. El hombre de mente carnal es un cristiano que aún no ha dejado que la Palabra dirija y gobierne su pensamiento. Se le llama bebé en Cristo, de mente carnal y de la carne. Está gobernado por la carne, por lo que ve con sus ojos, lo que siente, oye, gusta y huele. Es un hijo de Dios dirigido por su cuerpo, gobernado por sus sentidos. Es un bebé en Cristo.

43

"De manera que yo, hermanos, no pude hablaros, espirituales"; es decir, como a hombres cuyos espíritus han obtenido el dominio sobre su pensamiento. El espíritu de un bebé en Cristo ha sido regenerado, pero la mente no renovada gobierna su espíritu. El apóstol Pablo estaba diciendo: "No pude hablarles como a hombres cuyas mentes están subordinadas a la Palabra de Dios". Eso se debía a que sus mentes no habían sido renovadas y aún seguían siendo bebés.

Acerca de esto tenemos mucho que decir y difícil de explicar, por cuanto os habéis hecho tardos para oír. (Hebreos 5:11)

¿Cuántos creyentes entran en esta reprensión? No pueden entender la Palabra.

Todo el que participa sólo de la leche no tiene experiencia en *"la palabra de justicia, porque es niño"* (Hebreos 5:13). Esta *"palabra de justicia"* se ha entendido muy poco. Nunca han tenido una experiencia viviendo en justicia.

¿Qué queremos decir con esto? Justicia significa la capacidad para estar en presencia del Padre, o de los demonios, o de la enfermedad, sin ningún sentimiento de inferioridad, condenación o conciencia de pecado. Los que viven justamente, o que conocen por la Palabra que son la justicia de Dios en Cristo, son maestros absolutos sobre las circunstancias, demonios y enfermedades. *"Al que no conoció pecado, por nosotros lo hizo pecado, para que nosotros fuésemos hechos justicia de Dios en él"* (2 Corintios 5:21).

Usted está adquiriendo experiencia en la palabra de justicia. Está descubriendo que es la Palabra la que sana.

El ministerio de la Palabra de Dios es la palabra de justicia. Es la palabra de justicia que libera y saca al hombre del dominio de Satanás a la libertad de los hijos de Dios.

Qué valientes se vuelven. Con qué poder hablan.

"Pero el alimento sólido es para los que han alcanzado madurez, para los que por el uso tienen los sentidos ejercitados en el discernimiento del bien y del mal" (Hebreos 5:14). El creyente aquí descrito ha crecido en una vida espiritual en Cristo. Se ha alimentado de la Palabra hasta que la Palabra le ha transfigurado.

Santiago 5 es el método de Dios para sanar a los de mente carnal, o los bebés en Cristo. Dios, en su gracia, dice:

> *¿Está alguno enfermo entre vosotros? Llame a los ancianos de la iglesia, y oren por él, ungiéndole con aceite en el nombre del Señor. Y la oración de fe salvará al enfermo, y el Señor lo levantará; y si hubiere cometido pecados, le serán perdonados. Confesaos vuestras ofensas unos a otros, y orad unos por otros, para que seáis sanados. La oración eficaz del justo puede mucho.* (Santiago 5:14–16)

Observe con mucha atención estos hechos. La persona no puede ver que su enfermedad fue puesta en Cristo, pero puede ver a los ancianos, oír sus oraciones y sentir el aceite de la unción en su frente. Puede sentir las manos de ellos sobre su cabeza.

Está viviendo en el ámbito de los sentidos. La gracia desciende y se encuentra con él en esta esfera.

Si se hubiera aprovechado de sus privilegios, habría actuado según 1 Juan 1:9: *"Si confesamos nuestros pecados, él es fiel y justo para perdonar nuestros pecados, y limpiar de toda maldad"*.

Este versículo está dirigido a los cristianos. Si ese creyente, ese bebé en Cristo, se hubiera apoderado de sus derechos y privilegios, habría alzado su mirada diciendo: "Padre, perdóname por lo que he hecho que ha causado mi enfermedad". El Padre le habría perdonado y sanado. Pero tiene que ver y sentir para poder creer, pertenece a la clase de Tomás: "Cuando vea, creeré".

Prácticamente toda la fe que los hombres tenían en Jesús antes de su muerte y resurrección era fe de conocimiento sensorial. Creían en las cosas que veían y oían. No podían creer en una resurrección, ya que nunca habían visto una resurrección, sólo habían visto levantarse a Lázaro de los muertos. Él simplemente fue levantado, regresó de nuevo a la vida. No fue resucitado porque volvió a morir.

¡Cuán grande es la gracia de nuestro Señor Jesucristo que desciende a nuestro nivel y nos encuentra donde aparentemente no podemos aplicar la Palabra porque estamos gobernados por los sentidos!

Capítulo 8

SANIDAD EN LA REDENCIÓN

*H*emos visto sanidad para el mundo en el nombre de Jesús. Hemos visto sanidad para el creyente de mente carnal a través de los ancianos. Ahora, veamos la sanidad para el hombre que disfruta la plenitud de sus privilegios en Cristo.

Isaías 53 es un anticipo del ministerio público de Jesús y su sacrificio sustitutorio. Es una profecía velada, pero que ahora ha sido revelada a través de la revelación paulina para nosotros.

EL AGRADO DEL AMOR

"Despreciado y desechado entre los hombres, varón de dolores, experimentado en quebranto [enfermedad]*"* (Isaías 53:3). Él era *"raíz de tierra seca"* (versículo 2), pero era precioso para el Padre, aunque fue condenado por el mundo.

> *Y como que escondimos de él el rostro, fue menospreciado, y no lo estimamos. Ciertamente llevó él nuestras enfermedades, y sufrió nuestros dolores; y nosotros le tuvimos por azotado, por herido de Dios y abatido.*
> (Isaías 53:3–4)

Como se asombraron de ti muchos, de tal manera fue desfigurado de los hombres su parecer, y su hermosura más que la de los hijos de los hombres. (Isaías 52:14)

Las notas al margen en la versión de la Biblia *American Standard Version Cross-Reference Bible* dicen:

Los hombres se quedaron mudos de asombro por Él, porque su aspecto estaba tan deformado que no parecía humano... Así muchos se sorprenderán con Él. Su semblante estaba muy estropeado, no parecía un hombre, y su forma no era como la de los hijos de los hombres. Su semblante era muy distinto al de un hombre, y su figura ya no se asemejaba a la de un hombre.

Él fue hecho pecado con nuestro pecado. Quedó bajo el dominio de Satanás. Esta es una descripción del espíritu de Jesús, no de su cuerpo. Él fue hecho enfermedad con nuestras enfermedades, y cuando esas enfermedades cayeron sobre su precioso espíritu, ya no parecía un hombre.

El corazón no puede soportarlo. La razón se nubla en presencia de frases como éstas.

Jesús fue "*azotado, herido de Dios y abatido*" (Isaías 53:4). Fue Dios quien puso nuestras enfermedades sobre Él. Fue justicia que demandaba una recompensa por nuestras ofensas.

Mas él herido fue por nuestras rebeliones, molido por nuestros pecados; el castigo de nuestra paz fue sobre él, y por su llaga fuimos nosotros curados. (Isaías 53:5)

La enfermedad es espiritual

Ahora puede ver este hecho: que la enfermedad fue sanada espiritualmente. Dios no trató la enfermedad físicamente.

Hoy la enfermedad es espiritual. He descubierto que cuando puedo demostrar, a través de la Palabra, que nuestras enfermedades fueron puestas sobre Jesús, y cuando el hombre que está enfermo acepta este hecho, es sanado al instante. Mientras pensemos que la enfermedad es meramente física, no conseguiremos nuestra liberación; pero al saber que es espiritual debe ser sanada por la Palabra de Dios (recuerde que Dios dijo: *"Envió su palabra y lo sanó"* [Salmo 107:20]), entonces la sanidad se convierte en una realidad.

"Mas él herido fue por nuestras rebeliones". Esto fue espiritual. *"Molido por nuestros pecados"*. Fue molido espiritualmente. Las heridas que los soldados le hicieron no quitaron el pecado, porque si lo hubieran hecho, el pecado sería algo físico, algo tocante al conocimiento sensorial. La justicia humana trata sólo las evidencias de los sentidos, no lo que el hombre piensa, sino lo que dice o hace.

Jesús padeció un sufrimiento que los sentidos no pueden entender. Se quedan mudos y sin saber qué hacer en presencia de esta gran tragedia espiritual que ocurrió en el Calvario.

"El castigo de nuestra paz fue sobre él, y por su llaga fuimos nosotros curados". No fueron las heridas físicas que le hicieron los soldados, sino las heridas que la justicia infligió sobre su espíritu.

Todos nosotros nos descarriamos como ovejas, cada cual se apartó por su camino; mas

Jehová cargó en él el pecado de todos noso-
tros.   (Isaías 53:6)

"*Formaba parte del buen plan Señor aplastarlo y
causarle dolor*" (versículo 10 NTV). El amor pudo ver
a la humanidad redimida. La fe pudo ver una nueva
creación. Él le causó dolor con nuestras enfermedades.
No tenemos que estar enfermos; sólo ignorar nuestros
derechos o rehusar aplicar la Palabra puede mantener-
nos enfermos.

Él fue hecho pecado con nuestro pecado. No tenemos que permanecer en pecado, pues Él se convirtió
en pecado para que nosotros pudiéramos ser justos.
Él fue al infierno para que nosotros pudiéramos ir al
cielo; Él fue debilitado para que nosotros pudiéramos
ser fuertes; Él ocupó nuestro lugar, suplió nuestras necesidades, cumplió cada reclamo de la justicia y nos
hizo libres.

Si este es el caso, no es correcto que el creyente
tenga enfermedades, así como debilidades y cualquier
otra cosa que Satanás traiga sobre el hombre, porque
Jesús sufrió para quitarlo todo.

Algunos hechos sobre
la vida sobrenatural

En la mente del Padre somos superhombres. Somos vencedores; somos conquistadores.

"*Porque todo lo que es nacido de Dios vence al
mundo; y esta es la victoria que ha vencido al mundo,
nuestra fe*" (1 Juan 5:4). Fue nuestra fe lo que nos hizo
entrar en la familia de los vencedores.

"*¿Quién es el que vence al mundo, sino el que cree
que Jesús es el Hijo de Dios?*" (versículo 5). Creemos

que Jesús es el Hijo de Dios, que murió por nuestros pecados según las Escrituras, y que resucitó para nuestra justificación. Creemos que cuando le aceptamos como nuestro Salvador y le confesamos como nuestro Señor, Dios nos hace sus hijos y nos da vida eterna.

Esto nos sitúa en el ámbito de los vencedores. Somos superhombres y supermujeres.

LOS CREYENTES SON GANADORES

La sanidad y la victoria son nuestras. Son nuestras sin pedirlas. Lo único que tenemos que hacer es saberlo y alabarle a Él por ello.

"*Por tanto, teniendo un gran sumo sacerdote que traspasó los cielos, Jesús el Hijo de Dios, retengamos nuestra profesión*" (Hebreos 4:14). Debemos retener nuestra confesión. ¿Qué es nuestra confesión? Que somos nuevas criaturas, que el pecado ha sido quitado y que somos la justicia de Dios en Él.

Confesamos que "ciertamente Él ha llevado nuestras enfermedades y sufrió nuestros dolores".

Nuestra confesión es que Él fue azotado y herido por Dios con nuestras enfermedades y dolores, y ahora por su llaga somos totalmente curados.

El pecado y la enfermedad han sido apartados, y en el nombre de Jesús tenemos dominio sobre Satanás y la obra de sus manos. En su nombre, echamos fuera demonios; en su nombre, imponemos manos sobre los enfermos y sanan.

Si podemos echar fuera demonios, también podemos ordenar al demonio de enfermedad que abandone nuestro cuerpo, porque la enfermedad fue llevada allí por un demonio y está siendo desarrollada por él. Decimos: "En el nombre de Jesús, demonio, sal de este cuerpo". Ese demonio está obligado a obedecer en el nombre de Jesús.

Cuando Jesús resucitó de los muertos, lo hizo porque nosotros, con Él, vencimos a Satanás. *"Y despojando a los principados y a las potestades, los exhibió públicamente, triunfando sobre ellos en la cruz"* (Colosenses 2:15).

El triunfo de Jesús es nuestro triunfo; la victoria de Jesús es nuestra victoria. Él no hizo nada para Sí mismo, fue todo por nosotros. Hoy somos más que vencedores por medio Aquel que nos amó.

No deberíamos hablar nunca de nuestras enfermedades. Cuando les contamos nuestros problemas a las personas es siempre para obtener su compasión. Ese problema vino del adversario. Cuando contamos nuestros problemas, estamos dando testimonio de la capacidad de Satanás para hacernos estar en dificultades. Cuando hablamos sobre nuestras enfermedades, estamos glorificando al adversario que tuvo la capacidad de poner esa enfermedad en nosotros.

Cuando confesamos nuestra falta de fortaleza o capacidad, confesamos que Satanás nos ha cegado de tal manera que no podemos disfrutar de nuestros derechos y privilegios.

Jehová es mi luz y mi salvación; ¿de quién temeré? Jehová es la fortaleza de mi vida; ¿de quién he de atemorizarme? (Salmo 27:1)

Dios le ha hecho a Él sabiduría por nosotros. Le ha hecho redención por nosotros. Si esto es cierto, entonces Satanás no tiene derecho a reinar sobre nosotros con enfermedad, dolores o fracasos.

Cada vez que hablamos de nuestros problemas, glorificamos al ser que puso los problemas sobre nosotros. Nuestra confesión debería ser que Dios es hoy nuestra fortaleza, nuestra sabiduría, nuestra total y perfecta redención, nuestra santificación y nuestra justicia. Somos la justicia de Dios en Él. Todo lo podemos en Él que nos fortalece.

Hoy, el nombre de Jesús en nuestros labios puede vencer a la enfermedad y al dolor. Ese nombre puede dar coraje y victoria al derrotado y azotado.

La oración de incredulidad nunca produce fe. Cuando usted ora pidiendo fe, confiesa su incredulidad. Esto aumenta sus dudas, porque la oración nunca es oída. El que duda, a menudo ora por cosas que ya son suyas. Dios le ha bendecido con toda bendición espiritual que gobierna cada necesidad espiritual.

La redención nunca se ha visto como una realidad. Es una teoría, un credo, una doctrina. Pocos esperan la evidencia experimental de ella. Satanás se ha aprovechado de nuestra ignorancia sobre la redención y ha puesto sobre nosotros la enfermedad, manteniéndonos en esclavitud. Aquel que ya ha sido derrotado mantiene a su señor en esclavitud. El creyente es el señor de Satanás.

Capítulo 9

MÉTODOS DE SANIDAD

ay cinco formas de obtener la sanidad a través de la Palabra. Será interesante considerarlas.

PRIMER MÉTODO

En un capítulo previo, he llamado su atención al hecho de que la iglesia primitiva utilizaba la sanidad como una manera de dar a conocer el evangelio así como de bendecir a las personas. Juan 16:13–14 se puede usar con respecto a esto: *"Y todo lo que pidiereis* [demandarais] *al Padre en mi nombre, lo haré, para que el Padre sea glorificado en el Hijo. Si algo pidiereis en mi nombre, yo lo haré"*.

Si le viene un dolor, diga: "En el nombre de Jesucristo, sal de mi cuerpo". El dolor debe irse. Usted es señor de su propio cuerpo; usted lo gobierna.

Tiene derecho a ser libre del dolor o la enfermedad. En ese nombre usted le ordena que se vaya. No lo está demandando del Padre, porque el Padre le ha dado autoridad sobre esas fuerzas demoníacas.

Puede usar el nombre para romper el poder del adversario sobre los no creyentes y facilitarles que acepten a Cristo. En ese nombre: "los que creen impondrán las manos sobre los enfermos y sanarán".

Cada creyente debería entender esto claramente: que tiene derecho a la perfecta liberación de la mano de su enemigo en ese nombre.

SEGUNDO MÉTODO

Un segundo método se encuentra en Marcos 16:17–18: "*En mi nombre... sobre los enfermos pondrán sus manos, y sanarán*".

El creyente tiene la naturaleza de Dios en él. Tiene la vida de Dios en él. El Espíritu mora en él. Ese poder dentro de él es lo que sale a través de sus manos en el nombre de Jesús y sana a los enfermos.

A veces va acompañado de manifestaciones. Las personas sienten la vida de Dios saliendo a través de su cuerpo. Otras veces no hay tal manifestación. No hay diferencia si hay o no algún testimonio de los sentidos. "*A los que creen... sobre los enfermos pondrán sus manos, y sanarán*".

El mismo poder que está en el creyente puede ejercerse en el nombre de Jesús para alguien enfermo que está lejos. En el momento en que ora en ese nombre, el poder sanador de Dios llega hasta él, y es sanado.

TERCER MÉTODO

Hay un tercer método para el creyente carnal, es decir, el creyente que está gobernado por los sentidos y no por la Palabra. El pasaje de 1 Corintios 3:1 llama a los creyentes carnales "*bebés en Cristo*".

¿Está alguno enfermo entre vosotros? Llame a los ancianos de la iglesia, y oren por él, ungiéndole con aceite en el nombre del Señor. Y

la oración de fe salvará al enfermo, y el Señor
lo levantará; y si hubiere cometido pecados,
le serán perdonados.   (Santiago 5:14–15)

Este pasaje no es para creyentes maduros, sino para los que nunca han desarrollado su vida espiritual hasta el grado de ocupar su lugar en Cristo. Es para aquellos que dependen de otros para que oren por ellos.

CUARTO MÉTODO

Encontramos un cuarto método de sanidad en Juan 16:

En aquel día no me preguntaréis nada. De
cierto, de cierto os digo, que todo cuanto pi-
diereis al Padre en mi nombre, os lo dará.
Hasta ahora nada habéis pedido en mi nom-
bre; pedid, y recibiréis, para que vuestro gozo
sea cumplido.   (Juan 16:23–24)

Todo creyente tiene derecho a pedir al Padre sanidad o cualquier otra bendición; y si pide en el nombre de Jesús, tiene la total garantía de que el Padre oirá y responderá a su petición.

QUINTO MÉTODO

Un quinto método de sanidad se encuentra en Mateo 18:

Otra vez os digo, que si dos de vosotros se pu-
sieren de acuerdo en la tierra acerca de cual-
quiera cosa que pidieren, les será hecho por
mi Padre que está en los cielos. Porque donde
están dos o tres congregados en mi nombre,

allí estoy yo en medio de ellos.

(Mateo 18:19–20)

Donde hay dos personas unidas y demandando en el nombre de Jesús la sanidad de seres queridos, la oración tiene que ser respondida. Dios vela por su Palabra para que se cumpla.

SANIDAD EN LA REDENCIÓN

Hay otro método de sanidad que creo que es el mejor.

Ciertamente llevó él nuestras enfermedades, y sufrió nuestros dolores; y nosotros le tuvimos por azotado, por herido de Dios y abatido. Mas él herido fue por nuestras rebeliones, molido por nuestros pecados; el castigo de nuestra paz fue sobre él, y por su llaga fuimos nosotros curados.

(Isaías 53:4–5)

Esta es una frase contundente sobre el hecho de que por su llaga fuimos curados.

Quien llevó él mismo nuestros pecados en su cuerpo sobre el madero, para que nosotros, estando muertos a los pecados, vivamos a la justicia; y por cuya herida fuisteis sanados.

(1 Pedro 2:24)

Para que se cumpliese lo dicho por el profeta Isaías, cuando dijo: El mismo tomó nuestras enfermedades, y llevó nuestras dolencias.

(Mateo 8:17)

Estos versículos demuestran que la sanidad es nuestra. Sencillamente sabemos que por su llaga fuimos sanados. Damos gracias al Padre por nuestra perfecta liberación. Ya no es necesario que oremos o que pidamos que el Padre nos sane. Sabemos que Él dijo: *"Y por cuya herida fuisteis sanados"*. Las aflicciones en nuestro cuerpo fueron puestas sobre Jesús. Él las llevó, así que nosotros no tenemos que llevarlas. Sólo tenemos que reconocer y aceptar ese hecho. Rehusamos permitir que la enfermedad esté en nuestro cuerpo. Fuimos sanados.

Todo creyente debería entender bien que su sanidad fue consumada en Cristo. Significó el final de los problemas crónicos en el cuerpo del creyente.

Capítulo 10

JESÚS EL SANADOR

Muchas personas me han dicho: "Si no fuera por esto que usted llama conciencia de pecado, yo tendría fe. Si tuviera fe, tendría mi sanidad. Pero la Palabra no me parece real. La leo, y digo: 'por su llaga he sido curado', y a la vez en mi mente oigo otra voz que dice: 'Pero el dolor sigue ahí'. Veo que estoy dando dos testimonios continuamente, uno con mis labios y otro con mi intelecto".

Una de las mejores formas de vencer las dudas y los temores que nos lanza *"el acusador de nuestros hermanos es... por medio de la sangre del Cordero y de la palabra del testimonio de ellos"* (Apocalipsis 12:10–11). Como *"la fe viene por el oír, y oír por la palabra de Dios"* (Romanos 10:17), podemos *"edificándoos sobre vuestra santísima fe"* (Judas 1:20) confesando continuamente lo que dice la Palabra de Dios sobre nuestra redención total del pecado y la enfermedad.

Deberíamos entender esto totalmente: no importa cuál sea la posición de alguien en el cielo, pues si no tiene fe en ello, no le hará ningún bien. No importa cuáles sean los privilegios de una persona, pues si la mano de la fe está paralizada, no puede apropiarse de ellos.

Mientras esté gobernado por la conciencia de pecado, no tendrá sensación de redención. Está bajo condenación; Satanás le gobierna; y mientras Satanás gobierne, la fe se quedará encogida y sin desarrollar.

A lo largo de toda la revelación paulina, desde Romanos hasta Hebreos, se enseña una redención completa. Hay una redención perfecta, y Satanás está vencido.

> *Así que, por cuanto los hijos participaron de carne y sangre, él también participó de lo mismo, para destruir por medio de la muerte al que tenía el imperio de la muerte, esto es, al diablo.*   (Hebreos 2:14)

Satanás ha sido despojado de su autoridad. Jesús dice de manera triunfante: "*y el que vivo, y estuve muerto; mas he aquí que vivo por los siglos de los siglos, amén. Y tengo las llaves de la muerte y del Hades*" (Apocalipsis 1:18). Satanás fue reducido a la nada; su capacidad fue paralizada. "*De esa manera, desarmó a los gobernantes y a las autoridades espirituales. Los avergonzó públicamente con su victoria sobre ellos en la cruz*" (Colosenses 2:15). Satanás, pues, no tiene dominio sobre nosotros. "*Porque el pecado no se enseñoreará de vosotros*" (Romanos 6:14).

Si la redención no nos libera de la conciencia de pecado, no es mejor que el judaísmo. Si no puede liberarnos ahora de la condenación, Dios y Cristo han fracasado; Satanás se ha convertido en el amo. Si la vieja conciencia de pecado gobierna, entonces es imposible aplicar la Palabra. La fe es una flor marchita donde gobierna la conciencia de pecado.

El problema de la fe, entonces, es deshacerse de la conciencia de pecado. La Palabra es la única cura. Ella declara que somos redimidos. *"En quien tenemos redención por su sangre, el perdón de pecados según las riquezas de su gracia"* (Efesios 1:7).

Si hemos sido redimidos, el dominio de Satanás está roto, y somos libres. No sólo se ha llevado a cabo una perfecta redención, sino que también se ha realizado una regeneración perfecta.

> *De modo que si alguno está en Cristo, nueva criatura es; las cosas viejas pasaron; he aquí todas son hechas nuevas. Y todo esto proviene de Dios, quien nos reconcilió consigo mismo por Cristo, y nos dio el ministerio de la reconciliación.* (2 Corintios 5:17–18)

Hay una regeneración completa y una reconciliación completa. Si Dios nos ha regenerado, ya no estamos bajo las cosas de la vieja creación. Si alguien ha sido regenerado, es la propia obra de Dios. Él lo hizo a través del Espíritu Santo y su propia Palabra. Esa nueva creación está hecha para existir por la impartición de la propia naturaleza de Dios.

Somos *"participantes de la naturaleza divina"* (2 Pedro 1:4). En verdad hemos nacido de arriba. La vieja naturaleza de pecado se ha ido, y una nueva naturaleza, libre de condenación, ha ocupado su lugar.

"Ahora, pues, ninguna condenación hay para los que están en Cristo Jesús, los que no andan conforme a la carne, sino conforme al Espíritu. Porque la ley del Espíritu de vida en Cristo Jesús me ha librado de la ley del pecado y de la muerte" (Romanos 8:1–2). Hemos sido liberados de la ley del pecado y de la muerte.

"*¿Quién acusará a los escogidos de Dios? Dios es el que justifica. ¿Quién es el que condenará?*" (Romanos 8:33–34). Dios nos ha justificado o declarado justos. La palabra "*justificar*" significa "hacer justo". Justicia es la capacidad de estar en la presencia del Padre sin sentimiento de culpa, pecado o inferioridad. Estamos ahí como si nunca hubiera habido pecado.

Si redención no significa eso, si la nueva creación no da eso, entonces Dios ha fallado. La nueva creación debe ser tan libre de pecado como lo era Adán antes de cometer pecado, o Dios ha fallado en su obra redentora.

Alguno dirá: "¿Y qué ocurre con 1 Juan 1:8: '*Si decimos que no tenemos pecado, nos engañamos a nosotros mismos, y la verdad no está en nosotros*'?". Aquí está hablando de una comunión rota. Si un hombre dice que tiene comunión con el Padre mientras vive en condenación, sigue siendo un mentiroso. "*Si decimos que tenemos comunión con él, y andamos en tinieblas, mentimos, y no practicamos la verdad*" (versículo 6). Toda persona que esté viviendo en una comunión rota camina en oscuridad. Sin embargo, "*si confesamos nuestros pecados, él es fiel y justo para perdonar nuestros pecados, y limpiarnos de toda maldad*" (1 Juan 1:9).

Si decimos que no hemos pecado cuando estamos viviendo fuera de la comunión, no estamos diciendo la verdad, pero "*si alguno hubiere pecado, abogado tenemos para con el Padre, a Jesucristo el justo*" (1 Juan 2:1).

"*Porque somos hechura suya*" (Efesios 2:10). No sólo nos hizo una nueva creación, sino que nos hizo justos: "*a fin de que él sea el justo, y el que justifica al que es de la fe de Jesús*" (Romanos 3:26). Esto declara que Él se ha convertido en la justicia del hombre que tiene fe en Jesús como su Salvador. Si Él se ha convertido en nuestra justicia, tenemos una situación legal en su presencia

El pasaje de 1 Corintios 1:30 nos dice que Él fue hecho justicia por nosotros: "*Mas por él estáis vosotros en Cristo Jesús, el cual nos ha sido hecho por Dios sabiduría, justificación, santificación y redención*". Entonces tenemos a Dios como nuestra justicia y a Jesús como nuestra justicia.

Él fue entregado por nuestros pecados y resucitó porque hemos sido declarados justos y podemos estar ante Él. (Véase Romanos 4:25). "*Justificados, pues, por la fe, tenemos paz para con Dios por medio de nuestro Señor Jesucristo*" (Romanos 5:1).

"*Al que no conoció pecado, por nosotros lo hizo pecado, para que nosotros fuésemos hechos justicia de Dios en él*" (2 Corintios 5:21). Él no sólo se convierte en nuestra justicia, sino que ahora también nos hace su justicia por medio de un nuevo nacimiento, una regeneración. Estamos ante Él reconciliados, sin condenación en nuestra comunión con Él.

Si la Biblia significa algo, significa exactamente lo que dice. El creyente tiene derecho legal a estar en la presencia del Padre sin sentir condenación. Si puede hacer eso, entonces es posible aplicar la Palabra. Si aplicar la Palabra es posible, todo lo que nos pertenece en Cristo queda disponible de inmediato.

Cuando Jesús resucitó de los muertos, dejó a un Satanás eternamente derrotado tras Él. Piense siempre en Satanás como en alguien eternamente derrotado.

Capítulo 11

EL PROBLEMA
DE LA ENFERMEDAD

ste es el ministerio espiritual de Jesús. Comenzó en la cruz.

Despreciado y desechado entre los hombres,
varón de dolores, experimentado en quebranto; y como que escondimos de él el rostro, fue
menospreciado, y no lo estimamos. Ciertamente llevó él nuestras enfermedades, y sufrió nuestros dolores; y nosotros le tuvimos
por azotado, por herido de Dios y abatido.
Mas él herido fue por nuestras rebeliones,
molido por nuestros pecados; el castigo de
nuestra paz fue sobre él, y por su llaga fuimos
nosotros curados.   (Isaías 53:3–5)

Los discípulos no pudieron verlo cuando miraron al Hombre de Galilea coronado de espinos. En ese momento Él estaba llevando nuestras enfermedades y dolencias.

"Formaba parte del buen plan del Señor aplastarlo y causarle dolor" (versículo 10, NTV). Él hizo a Jesús pecado con nuestros pecados, enfermedad con nuestras enfermedades.

Isaías 52:14 dice: *"De tal manera fue desfigurado de los hombres su parecer"*. Estaba tan desfigurado que no parecía un hombre. Y no era su cuerpo físico. Dios no podía mirar su alma.

Cuando Dios *"puso su vida en expiación por el pecado"* (versículo 10), fue *"azotado, herido por Dios y abatido"* (versículo 4). Fue Dios quien puso nuestras enfermedades sobre Él. Jesús fue azotado por la justicia, porque Él era nuestro sustituto.

"Mas él herido fue por nuestras rebeliones, molido por nuestros pecados; el castigo de nuestra paz fue sobre él, y por su llaga fuimos nosotros curados". No fueron las heridas físicas sobre sus espaldas que le hicieron los soldados romanos, sino las heridas espirituales que Dios puso sobre Él con nuestros pecados y enfermedades cuando fue juzgado y echado al desierto en nuestro lugar.

"Para que se cumpliese lo dicho por el profeta Isaías, cuando dijo: Él mismo tomó nuestras enfermedades, y llevó nuestras dolencias" (Mateo 8:17). Nuestras enfermedades incluyen nuestras pequeñas rarezas de carácter, las cosas que nos hacen ser desagradables y antipáticos con la gente. Son principalmente enfermedades de la mente.

Jesús las llevó todas. Lo que Él llevó, no tenemos que llevarlo nosotros. Lo que Él sufrió, no tenemos que sufrirlo nosotros.

Hemos llegado a la convicción de que es tan erróneo que un creyente lleve su enfermedad cuando Jesús ya la llevó, como lo es que lleve sus pecados cuando Cristo ya los llevó. No tenemos derecho a vivir en pecado y llevar esos malos hábitos que hacen que la vida sea una maldición, porque Cristo los llevó. No es correcto que Él los llevara si nosotros vamos a llevar-los también.

De igual forma, no es correcto que nosotros tengamos enfermedades y dolores en nuestros cuerpos cuando Dios puso esas enfermedades sobre Jesús. Él se convirtió en dolor con nuestros dolores, para que fuéramos sanados. Él no conoció enfermedad alguna hasta que fue hecho enfermedad con nuestras enfermedades.

La razón por la que llevó el pecado fue para justificar a los que creen en Él. La razón de llevar las enfermedades fue para sanar a los que creen en Él como Sanador. El hecho de que Él llevara el pecado aseguró la justicia para la nueva creación. El hecho de que Él llevara las enfermedades aseguró la sanidad para la nueva creación.

Jesús tomó nuestros pecados y nos hizo justos. Tomó nuestras enfermedades, y nos sanó. Tomó nuestras dolencias y nos dio su fortaleza. Intercambió su fortaleza por nuestra debilidad, su éxito por nuestros fracasos.

La enfermedad
no es la voluntad del Padre

Entendemos que la enfermedad es tranquilidad rota, comunión rota con el cielo. La enfermedad es dolor, debilidad, pérdida de capacidad para bendecir y ayudar. Esclaviza a las personas que cuidan de los enfermos. Los seres queridos que cuidan de día y de noche a los enfermos pierden el gozo y el descanso.

La enfermedad no viene del amor, y Dios es amor. La enfermedad es un ladrón. Roba la salud, roba la felicidad, roba el dinero que necesitamos para otras cosas. La enfermedad es un enemigo.

Mire lo que ha robado de ese paciente de cáncer. La enfermedad vino sobre él en su juventud, le hizo ser una carga para su familia y le llenó de ansiedad y duda, temor y dolor. Le ha robado su fe.

Vemos lo que la enfermedad le ha hecho a esa mujer. Le ha robado su belleza, y su gozo y amor. Ya no puede ocupar el lugar de madre o esposa. Todo esto es del diablo.

Jesús dijo que la enfermedad es de Satanás:

> *Y había allí una mujer que desde hacía dieciocho años tenía espíritu de enfermedad, y andaba encorvada, y en ninguna manera se podía enderezar.... Y a esta hija de Abraham, que Satanás había atado dieciocho años, ¿no se le debía desatar de esta ligadura en el día de reposo?* (Lucas 13:11, 16)

Satanás la había atado.

Hechos 10:38 nos dice que Jesús "*anduvo haciendo bienes y sanando a todos los oprimidos por el diablo*". Desde el comienzo hasta el final de su ministerio público, Jesús estuvo luchando contra Satanás. su batalla no era con las personas, sino principalmente con los demonios que habitaban en ellas. Fue el diablo quien usó a los sumos sacerdotes para provocar el disturbio que finalmente clavó a Jesús en la cruz.

No le diga a nadie que la enfermedad es voluntad del amor. Es voluntad del odio. Es voluntad de Satanás. Si la enfermedad viene de la voluntad del amor, el amor se ha convertido en odio. Si la enfermedad es la voluntad de Dios, el cielo estará lleno de enfermedad y dolor.

Jesús fue la voluntad expresa del Padre, y anduvo sanando a los enfermos. La enfermedad y el dolor nunca son la voluntad del Padre. Creer que lo son es ser engañado por el enemigo.

Si la sanidad no hubiera estado en el plan de redención, no estaría en el capítulo de sustitución de Isaías 53. Si la sanidad no hubiera estado en la redención, el Padre no lo hubiera enseñado en su Palabra.

Jesús sanaba a todos los que acudían a Él, tanto judíos como gentiles. Estaba llevando a cabo la voluntad del Padre. Él era la voluntad del Padre.

No puedo yo hacer nada por mí mismo; según oigo, así juzgo; y mi juicio es justo, porque no busco mi voluntad, sino la voluntad del que me envió, la del Padre.　　　(Juan 5:30)

¿No crees que yo soy en el Padre, y el Padre en mí? Las palabras que yo os hablo, no las hablo por mi propia cuenta, sino que el Padre que mora en mí, él hace las obras.

(Juan 14:10)

Capítulo 12

SANADOS EN CRISTO

No importa desde que ángulo mire usted el cristianismo, es un milagro. El milagro más increíble es la nueva creación. Nunca hemos podido entenderla del todo. Hemos estado fuera como espectadores y la hemos mirado desde varios puntos de vista.

Una persona se convierte en una nueva criatura recibiendo la vida y naturaleza de Dios.

Vea estos versículos como ilustraciones:

Y a vosotros, estando muertos en pecados y en la incircuncisión de vuestra carne, os dio vida juntamente con él, perdonándoos todos los pecados. (Colosenses 2:13)

Hemos revivido juntamente con Él.

Sepultados con él en el bautismo, en el cual fuisteis también resucitados con él, mediante la fe en el poder de Dios que le levantó de los muertos. (versículo 12)

Este es el aspecto legal de la nueva creación, y todo lo que es legalmente nuestro puede convertirse en una realidad vital.

73

En la mente del Padre, hemos revivido con Cristo. Cuando Él revivió en espíritu, nosotros también fuimos revividos en espíritu, y esto se convierte en una realidad cuando aceptamos personalmente a Cristo como Salvador y le confesamos como Señor. La vida de Dios viene a nuestro espíritu y nos vuelve a crear.

"Y él os dio vida a vosotros, cuando estabais muertos en vuestros delitos y pecados" (Efesios 2:1). A esto se le puede llamar el milagro del cristianismo, una nueva creación.

VIDA Y MUERTE

Deberíamos disfrutar más de la tercera edad que de la juventud si no tuviéramos temor de ella. La tememos por el miedo al dolor y la enfermedad y la lucha con la muerte. Quizá unos pocos hechos sobre la vida y la muerte puedan sernos útiles.

La muerte espiritual es el padre de la muerte física. No había muerte física hasta que Adán murió espiritualmente. No había muerte en los planos originales de la creación. Sabemos que al final de esta era, la muerte será sorbida en inmortalidad. (Véase 1 Corintios 15:54).

"Y el postrer enemigo que será destruido es la muerte" (1 Corintios 15:26). Va a haber una eternidad sin muerte. ¿Por qué no puede haber un presente sin enfermedad? Creo que es la voluntad del Padre que la iglesia esté tan libre de la enfermedad como lo está del pecado.

La muerte es un enemigo. La debilidad y la enfermedad son enemigos. La muerte no es sólo el enemigo del hombre, sino también el enemigo de Dios.

El pasaje de 2 Timoteo nos dice que en la resurrección del Señor Jesús, la muerte perdió su dominio: *"pero que ahora ha sido manifestada por la aparición*

de nuestro Salvador Jesucristo, el cual quitó la muerte
y sacó a luz la vida y la inmortalidad por el evangelio"
(2 Timoteo 1:10).

Jesús hizo dos cosas: nos trajo la vida y la inmortalidad, y abolió el dominio de la muerte. Cuando resucitó de los muertos, había vencido a la muerte
personalmente.

Él venció a la muerte en Lázaro. Venció a la muerte en el hijo de la viuda. Él era, y es, el Señor de la vida.

Y la muerte y el Hades fueron lanzados al
lago de fuego. (Apocalipsis 20:14)

Enjugará Dios toda lágrima de los ojos de
ellos; y ya no habrá muerte, ni habrá más
llanto, ni clamor, ni dolor. (Apocalipsis 21:4)

Será el final de la muerte. Esta promesa de la des-
trucción final de la muerte tiene en sí una sugerencia de
que está en el plan de redención, algo que nos asegura
una vida sin enfermedad, hasta que nuestros cuerpos
se desgasten y la mortalidad venza sin luchar.

Despreciado y desechado entre los hombres,
varón de dolores, experimentado en quebran-
to; y como que escondimos de él el rostro, fue
menospreciado, y no lo estimamos. Cierta-
mente llevó él nuestras enfermedades, y su-
frió nuestros dolores; y nosotros le tuvimos
por azotado, por herido de Dios y abatido.
Mas él herido fue por nuestras rebeliones,
molido por nuestros pecados; el castigo de
nuestra paz fue sobre él, y por su llaga fuimos
nosotros curados... Con todo eso, Jehová qui-
so quebrantarlo, sujetándole a padecimiento

75

[*"o causarle dolor"*, NTV]... *por cuanto derramó su vida hasta la muerte, y fue contado con los pecadores, habiendo él llevado el pecado de muchos, y orado por los transgresores.*

(Isaías 53:3–5, 10, 12)

Ese es ahora su ministerio sacerdotal supremo a la diestra del Padre.

Podemos ver en todo este programa que se resume en estas palabras: *"Por su llaga fuimos nosotros sanados"*, que los problemas del pecado y la enfermedad ya han sido resueltos.

Tan cierto como que Jesús fue el sustituto de nuestro pecado como describe 2 Corintios 5:21, lo es que nos hemos convertido en la justicia de Dios en Él. La razón de que Él fuera hecho enfermedad con nuestras enfermedades fue para que podamos estar perfectamente sanos con su vida. No podemos esquivar el hecho de que, de igual modo que Él trató el problema del pecado, trató también el problema de la enfermedad.

Pero ahora, en la consumación de los siglos, se presentó una vez para siempre por el sacrificio de sí mismo para quitar de en medio el pecado. (Hebreos 9:26)

Pero Cristo, habiendo ofrecido una vez para siempre un solo sacrificio por los pecados, se ha sentado a la diestra de Dios.

(Hebreos 10:12)

Él quitó el pecado para que pudiéramos nacer de nuevo y ser nuevas criaturas; para que la naturaleza del pecado, la cual nos había tenido atados al adversario, fuera erradicada; y para que la naturaleza de

Dios ocupara su lugar. Es la nueva naturaleza lo que arregla el problema del pecado para nosotros de forma individual. El problema de los pecados está arreglado. Las cosas que hicimos antes de aceptar a Cristo están borradas como si nunca hubieran ocurrido.

Ahora estamos en la familia. Somos la justicia de Dios en Él. *"Mas el justo vivirá por fe; y si retrocediere, no agradará a mi alma"* (Hebreos 10:38). La nueva creación es llamada justicia de Dios; es la justicia de Dios. Su situación con el Padre es como la situación de Jesús; pero si peca, tiene usted un Abogado para con el Padre, Jesucristo el justo. Pierde el sentido de la justicia cuando peca, pero Jesús, el Justo, intercede por él y restaura su comunión perdida y sentimiento de justicia.

COMUNIÓN Y SANIDAD

"Si confesamos nuestros pecados, él es fiel y justo para perdonar nuestros pecados, y limpiarnos de toda maldad" (1 Juan 1:9). Esto restaura nuestra comunión, nos lleva de nuevo a una comunión total con el Padre.

Por la misma razón, cuando una persona ha sido sanada (porque *"por su llaga fuimos curados"*), en la mente de Dios esa persona está tan sanada de la enfermedad como lo está del pecado. Si después de haber sido sanada de la enfermedad, el adversario pone sobre él alguna otra enfermedad o dolor, lo único que la persona debe hacer es seguir el procedimiento que realizó cuando rompió la comunión con el Padre espiritualmente.

La enfermedad es romper la comunión con el Padre físicamente. De igual forma que puede restaurar la comunión y restaurar su sentimiento de justicia confesando sus pecados y a través de la intercesión de Jesucristo, también puede conseguir su sanidad física

La enfermedad del espíritu es lo que impide que alguien reciba su sanidad. Las enfermedades del espíritu son dudas, temores, conciencia de pecado, sentimiento de inferioridad, temor a la ineptitud y un sentimiento de no poder estar en la presencia de Dios. La sangre de Jesucristo, el Hijo de Dios, limpia de todo esto en el momento en que la persona reconoce su pecado. Perdón significa borrar completamente todo lo que la persona ha confesado, como si nunca hubiera cometido los hechos.

> *Porque asimismo los que estamos en este tabernáculo gemimos con angustia; porque no quisiéramos ser desnudados, sino revestidos, para que lo mortal sea absorbido por la vida. Mas el que nos hizo para esto mismo es Dios, quien nos ha dado las arras del Espíritu.*
>
> (2 Corintios 5:4–5)

La palabra griega aquí para vida es *zoe,* que significa vida eterna, vida de resurrección. En otras palabras, significa que la vida del Hijo de Dios, vida eterna, puede dominar, reinar, envolver y controlar nuestras vidas físicas.

LA LUZ DE NUESTRA SALVACIÓN

Si esto es cierto, entonces la enfermedad está totalmente derrotada, la debilidad física está eliminada, y el Salmo 27:1 es una realidad: *"Jehová es mi luz y mi salvación; ¿de quién temeré? Jehová es la fortaleza de mi vida; ¿de quién he de atemorizarme?"*. La luz es conocimiento. Jesús es la luz del mundo, y el que camina en esa luz no tropezará como el que camina en oscuridad, porque tendrá la luz de la vida.

"Yo soy la luz del mundo; el que me sigue, no andará en tinieblas, sino que tendrá la luz de la vida" (Juan 8:12). La Palabra será su lámpara, su luz, su salvación. Esto es verdadera liberación; esto es redención.

"Lámpara esa mis pies tu palabra, y lumbrera a mi camino" (Salmo 119:105). Es liberación de las cosas que no están en la voluntad del Padre. No puede usted pensar ni por un instante que la mortalidad está en la voluntad del Padre. Mortalidad significa debilidad, enfermedad, muerte. No puede pensar en muerte, enfermedad y debilidad como parte de la voluntad del Padre. Su voluntad final para nosotros queda así expresada: *"Y cuando esto corruptible se haya vestido de incorrupción, y esto mortal se haya vestido de inmortalidad, entonces se cumplirá la palabra que está escrita: Sorbida es la muerte en victoria"* (1 Corintios 15:54).

"Jehová es mi luz y mi salvación". Esto incluye salvación de la enfermedad, dolencia y debilidad del cuerpo físico. El temor ya no dominará su vida. Si alguien puede ser liberado del temor a la debilidad, la muerte o el dolor, será un vencedor.

La redención ideó esto mismo: que estos cuerpos que tenemos nunca estuvieran sujetos a enfermedad después de nacer de nuevo.

Quizá alguien se pregunte: "¿Y qué ocurre con el aguijón en la carne de Pablo?". Eso no fue una enfermedad. Fueron las fuerzas demoníacas interfiriendo en su ministerio público. No tenía nada que ver con la enfermedad.

El apóstol Pablo dijo esto: *"llevando en el cuerpo siempre por todas partes la muerte de Jesús, para que también la vida de Jesús se manifieste en nuestros cuerpos"* (2 Corintios 4:10).

¿Por qué? Ellos vivían en constante temor a ser apedreados, a ser echados a los leones o a ser quemados en la hoguera.

"Para que también la vida de Jesús se manifieste en nuestros cuerpos", es una frase muy llamativa; la vida de Dios está reinando en nuestros cuerpos físicos.

"Jehová es la fortaleza de mi vida; ¿de quién he de atemorizarme?" (Salmo 27:1). Estos cuerpos mortales, estos cuerpos cubiertos de muerte que tenemos, ahora tienen la fortaleza de Dios, la vida de Dios.

La vida de Jesús es impartida a nuestros cuerpos físicos. Eso no es sanidad. Eso es preservación de la enfermedad, protección. Esa es la fortaleza, y poder y capacidad de Dios en nuestros cuerpos físicos.

- No intente conseguir su sanidad. Dios ya se la ha dado.
- No intente creer. Usted es creyente y todas las cosas son suyas.
- No pronuncie duda. Eso produce más duda.

Capítulo 13

CÓMO DESTRUIR
LAS OBRAS DEL DIABLO

Uno de los versículos más fuertes con respecto a la sanidad se encuentra en Romanos:

Y si el Espíritu de aquel que levantó de los muertos a Jesús mora en vosotros, el que levantó de los muertos a Cristo Jesús vivificará también vuestros cuerpos mortales por su Espíritu que mora en vosotros.

(Romanos 8:11)

Esto es sanidad física. Esto es el Espíritu Santo, tomando la vida de Dios y haciéndola eficaz en nuestros cuerpos físicos, produciendo salud, fortaleza y vida en nosotros. Este mismo Espíritu Santo que resucitó el cuerpo de Jesús está ahora actuando en nuestros cuerpos mortales, haciéndolos perfectos: sin enfermedad ni pecado.

El que practica el pecado es del diablo; porque el diablo peca desde el principio. Para esto apareció el Hijo de Dios, para deshacer las obras del diablo. (1 Juan 3:8)

Jesús hizo su parte deshaciendo las obras del diablo. Después de dejar la tierra, envío al Espíritu Santo y nos dio el uso de su propio nombre y esta maravillosa revelación, el Nuevo Testamento, para que nosotros, sus representantes aquí en la tierra, podamos destruir las obras del diablo.

El pecado, la enfermedad y el dolor que hay en la iglesia en la actualidad se deben a que no estamos ocupando nuestro lugar en Cristo. Prevalecen hoy en la iglesia porque nunca hemos sido ejercitados para hacer la obra que Jesús dijo que debíamos hacer.

¿Cree usted que Él nos habría dado Juan 14 si no fuéramos a usarlo?

> *De cierto, de cierto os digo: El que en mí cree, las obras que yo hago, él las hará también; y aun mayores hará, porque yo voy al Padre.*
> (Juan 14:12)

Quiso decir que deberíamos hacer mayores obras que Él, porque somos más. Nuestro trabajo es el de destruir las obras del adversario.

El arma que debemos usar se encuentra en los versículos trece y catorce: *"Y todo lo que pidiereis al Padre en mi nombre, lo haré, para que el Padre sea glorificado en el Hijo. Si algo pidiereis en mi nombre, yo lo haré"* (Juan 14:13–14). La palabra *"pedir"* significa "demandar".

El nombre de Jesús se debe usar de la forma en que vemos que Pedro lo usa en Hechos 3:6, cuando se dirige al hombre en la puerta del templo, diciendo: *"En el nombre de Jesucristo de Nazaret, levántate y anda"*.

Esto no es orar. Esto es echar fuera demonios en ese nombre. Hay sanidad para el enfermo en ese nombre. Hay poder para romper la enfermedad y el dolor en los corazones y las vidas de los hombres en ese nombre.

¿Puede el nombre de Jesús impedir que tengamos enfermedades? ¿De qué puede guardarnos? ¿Puede ese nombre evitar que tengamos temor? ¿Se puede usar ese nombre como sugirió Jesús en Marcos 16?

Y estas señales seguirán a los que creen: En mi nombre echarán fuera demonios; hablarán nuevas lenguas; tomarán en las manos serpientes, y si bebieren cosa mortífera, no les hará daño; sobre los enfermos pondrán sus manos, y sanarán. (Marcos 16:17–18)

La iglesia primitiva era totalmente independiente de las circunstancias físicas. No me refiero a toda la iglesia; me refiero a los apóstoles que entendieron bien cómo usar el nombre de Jesús.

En ese entonces los hombres podían estar enfermos por falta de conocimiento y por romper la comunión, como lo pueden estar hoy. La parte gentil de la iglesia primitiva nunca había tenido previamente revelación de Dios. La enseñanza del cristianismo de la salvación completa era un material totalmente nuevo, así que carecían del conocimiento. Si había enfermedad en la iglesia primitiva gentil era de esperar, porque no tenían precedentes, ni ejemplos establecidos ante ellos.

Sin embargo, los judíos estaban en una condición mucho peor. Tenían el conocimiento de la sanidad en el viejo pacto, y a la vez habían roto el pacto. Habían roto la comunión con Dios, como la inmensa mayoría de la iglesia moderna ha hecho. Las personas más difíciles con las que tratar hoy día son las más religiosas, como lo eran los fariseos.

Jesús vino para destruir las obras del diablo. Nosotros somos sus instrumentos para hacer su obra.

Tenemos que destruir la enfermedad en la iglesia. Nuestro nuevo eslogan es: "No más enfermedad en el cuerpo de Cristo". Su Palabra se ha de convertir en una realidad en las vidas de los hombres.

El hecho de que Él llevó nuestros pecados y quitó nuestros pecados por el sacrificio de Sí mismo, y que hizo provisión para la remisión de todo lo que hayamos hecho o dicho, demuestra que no deberíamos estar enfermos o esclavizados al pecado.

Él hizo el sacrificio por los pecados, las cosas que habíamos hecho como resultado de la naturaleza pecaminosa. El nuevo nacimiento limpia todo lo que hayamos hecho. *"De modo que si alguno está en Cristo, nueva criatura es; las cosas viejas pasaron; he aquí todas son hechas nuevas"* (2 Corintios 5:17).

Romanos 8:1 se convierte en una realidad: *"Ahora, pues, ninguna condenación hay para los que están en Cristo Jesús"*. Las personas que están en Cristo Jesús están libres de pecado, enfermedad y condenación. Por tanto, levantémonos, ocupemos nuestro lugar, salgamos y llevemos este mensaje de liberación y victoria a otros.

Es muy importante que entendamos claramente 1 Juan 5:13: *"Estas cosas os he escrito a vosotros que creéis en el nombre del Hijo de Dios, para que sepáis que tenéis vida eterna"*. Tenemos la naturaleza de Dios, lo cual nos da una comunión perfecta con el Padre, perfecto derecho a usar su nombre, una liberación perfecta y una libertad perfecta del dominio de Satanás.

> *Por medio de las cuales nos ha dado preciosas y grandísimas promesas, para que por ellas llegaseis a ser participantes de la naturaleza divina.* (2 Pedro 1:4)

Si algo pidiereis en mi nombre, yo lo haré.

(Juan 14:14)

Porque el pecado no se enseñoreará de voso-
tros. (Romanos 6:14)

Si el pecado no puede enseñorearse de usted, la enfermedad no puede enseñorearse de usted, porque vienen de la misma fuente.

La naturaleza y vida de Dios que ha llegado a usted le da vida y salud.

"Lo saciaré de larga vida, y le mostraré mi salva-
ción" (Salmo 91:16).

Creo que el Salmo 91 le pertenece especialmente a la iglesia:

Con sus plumas te cubrirá, y debajo de sus
alas estarás seguro; escudo y adarga es su
verdad. No temerás el terror nocturno, ni
saeta que vuele de día, ni pestilencia que
ande en oscuridad, ni mortandad que en me-
dio del día destruya. Caerán a tu lado mil, y
diez mil a tu diestra; mas a ti no llegará.

(Salmo 91:4–7)

Hay protección de los terremotos, de los ciclones, de la pestilencia, de la enfermedad, de la guerra. Esto nos sitúa en la realidad de lo sobrenatural. Estamos unidos a Cristo como Él mismo dijo: *"Yo soy la vid,*
vosotros los pámpanos" (Juan 15:5). La vida en la vid está en el pámpano. Cuando el pámpano es herido, la vid derrama vida en el pámpano herido para que pueda seguir dando fruto. De igual modo, la vida de Dios se derrama en el Cuerpo de Cristo y sana a los miembros

de enfermedades, dolores y faltas para que puedan seguir dando fruto para la gloria de Dios.

- La preocupación y el temor envenenan el fluir de
  la sangre. La fe en el Señor Jesús lo purifica.
- La enfermedad está derrotada por su confesión de
  la Palabra.
- La enfermedad obtiene importancia cuando usted
  confiesa el testimonio de sus sentidos.
- Satanás es batido con palabras. Usted es sanado
  con palabras.
- Deje que sus labios hagan su tarea. Llénelos con
  su Palabra.

Capítulo 14

LA VIDA ABUNDANTE

El cristianismo es una realidad viva: "*Yo he venido para que tengan vida, y para que la tengan en abundancia*" (Juan 10:10). Es la abundancia de vida lo que produce sanidad, fortaleza y energía: "*Echando toda vuestra ansiedad sobre él, porque él tiene cuidado de vosotros*" (1 Pedro 5:7).

Esto significa que en la mente del Padre se ha terminado la preocupación, el temor y la duda. La obra del adversario ha sido destruida.

Éxodo 23:25–26 se les dio a los judíos bajo el primer pacto, pero puede convertirse en una dulce realidad para nosotros:

> *Mas a Jehová vuestro Dios serviréis, y él bendecirá tu pan y tus aguas; y yo quitaré toda enfermedad de en medio de ti. No habrá mujer que aborte, ni estéril en tu tierra; y yo completaré el número de tus días.*

¿Es nuestro pacto tan bueno como ese?

> *Mi Dios, pues, suplirá todo lo que os falta conforme a sus riquezas* [escondidas] *en gloria en Cristo Jesús.*   (Filipenses 4:19)

Todo lo puedo en Cristo que me fortalece.
                              (Filipenses 4:13)

No lo digo porque tenga escasez, pues he aprendido a contentarme, cualquiera que sea mi situación.   (Filipenses 4:11)

Nos elevamos a la esfera de lo sobrenatural, vencedores absolutos, ganadores perfectos en Cristo. No es de extrañar que Pablo declarase: *"Antes, en todas estas cosas somos más que vencedores por medio de aquel que nos amó"* (Romanos 8:37).

No hay nada que pueda separarnos del amor de Dios en Cristo Jesús, nuestro Señor. *"El que no escatimó ni a su propio Hijo, sino que lo entregó por todos nosotros, ¿cómo no nos dará también con él todas las cosas?"* (Romanos 8:32).

Estamos de pie sobre el monte de la victoria. Ahora podemos decir: "Cristo ha vencido a la enfermedad en el Cuerpo de Cristo". Su Palabra es una realidad en las vidas de los hijos de Dios. Estamos saliendo hoy para destruir las obras del enemigo en el cuerpo, mente y espíritu de los hombres.

Hay varios métodos de sanidad, pero el que sobresale primero en la mente del Espíritu se encuentra en Isaías 53: *"Ciertamente llevó él nuestras enfermedades, y sufrió nuestros dolores; y nosotros le tuvimos por azotado, por herido de Dios y abatido"* (versículo 4).

Él fue azotado y abatido con nuestras enfermedades.

"Mas él herido fue por nuestras rebeliones, molido por nuestros pecados; el castigo de nuestra paz fue sobre él, y por su llaga fuimos nosotros curados" (versículo 5). El pecado y la enfermedad son una sola

cosa en la mente del Padre. Dios está en contra de todo lo que toca y daña a una persona. La enfermedad toca a la persona, por eso Dios lo puso sobre Jesús. El pecado toca a la persona, por eso Dios lo puso sobre Jesús. *"Todos nosotros nos descarriamos como ovejas, cada cual se apartó por su camino; mas Jehová cargó en él el pecado de todos nosotros"* (Isaías 53:6).

"Formaba parte del buen plan del Señor aplastarlo y causarle dolor" (versículo 10, NTV). Cuando Dios declara que por su llaga fuimos curados, significa nuestra libertad de la enfermedad; este es nuestro recibo para una vida sin enfermedad y sin pecado, porque el pecado y la enfermedad no se enseñorearán de nosotros.

Aceptamos lo que nos pertenece como hijos e hijas de Dios. Sabemos que el pecado no se enseñoreará de nosotros. (Véase Romanos 6:14).

Sabemos que la sangre de Jesucristo nos limpia de pecado. *"Pero si andamos en luz, como él está en luz, tenemos comunión unos con otros, y la sangre de Jesucristo su Hijo nos limpia de todo pecado"* (1 Juan 1:7).

Si hemos cometido pecado, tenemos un Abogado para con el Padre: *"Hijitos míos, estas cosas os escribo para que no pequéis; y si alguno hubiere pecado, abogado tenemos para con el Padre, a Jesucristo el justo"* (1 Juan 2:1).

Sabemos que si confesamos nuestros pecados, Él nos perdonará y nos limpiará: *"Si confesamos nuestros pecados, él es fiel y justo para perdonar nuestros pecados, y limpiarnos de toda maldad"* (1 Juan 1:9).

Acudimos a Él con todas nuestras enfermedades sabiendo que todas esas enfermedades fueron puestas sobre Jesús. Por tanto, no es correcto que nosotros las llevemos. El adversario no tiene derecho a poner las enfermedades sobre nosotros, porque fueron puestas sobre Cristo.

Puedo decirle al Padre: "¿Ves lo que el adversario ha hecho en mi cuerpo? En el nombre de Jesús, recibo la liberación de esto con lo que Satanás me ha afligido". Le susurro a mi corazón: "Por su llaga fui curado". El dolor se debe ir.

Multitudes están siendo sanadas así en la actualidad.

Podemos quedar tan libres de las enfermedades como lo estamos de los malos hábitos; a fin de cuentas, el hábito de la enfermedad es como cualquier otro mal hábito. Se ha hecho una provisión para una sanidad perfecta. Ninguno de nosotros tiene que sufrir a manos del enemigo. Su liberación está en la obra redentora de Cristo.

Capítulo 15

El origen
de la enfermedad

La crueldad de la naturaleza

Es difícil para nosotros entender que las leyes que gobiernan la tierra en gran parte comenzaron con la caída del hombre y con la subsecuente maldición sobre la tierra. A consecuencia de esto, muchos acusan a Dios de ser responsable de los accidentes que ocurren, de las enfermedades y la muerte de seres queridos, de tormentas y catástrofes, de terremotos e inundaciones, que ocurren continuamente. Sin embargo, todas estas leyes naturales, según las entendemos, Jesús las hizo a un lado cuando fue necesario para bendecir a la humanidad.

Las leyes de la naturaleza vinieron con la caída, y su autor es Satanás. Cuando Satanás sea finalmente eliminado del contacto humano, o de la tierra, estas leyes dejarán de funcionar.

El origen de la enfermedad

La descripción que hace Jesús del Padre y su declaración de que *"El que me ha visto a mí, ha visto al Padre"* (Juan 14:9) hace imposible que nosotros aceptemos la enseñanza de que la enfermedad y las dolencias son de Dios, ni siquiera por un momento. La propia naturaleza del Padre refuta el argumento de que Él usa la enfermedad para disciplinarnos o para afianzar nuestra piedad

Jesús nos enseñó claramente, hablando de la mujer con enfermedad, que la enfermedad es del adversario: *"Y a esta hija de Abraham, que Satanás había atado dieciocho años, ¿no se le debía desatar de esta ligadura en el día de reposo?"* (Lucas 13:16).

Si lee los cuatro Evangelios cuidadosamente, verá que Jesús estaba continuamente echando fuera demonios de las personas enfermas, rompiendo el dominio de Satanás sobre las vidas de hombres y mujeres.

En Hechos 10:38 Pedro escribió: *"Cómo Dios ungió con el Espíritu Santo y con poder a Jesús de Nazaret, y cómo éste anduvo haciendo bienes y sanando a todos los oprimidos por el diablo, porque Dios estaba con él"*.

En la Gran Comisión, Jesús dijo:

Y estas señales seguirán a los que creen: En mi nombre echarán fuera demonios; hablarán nuevas lenguas; tomarán en las manos serpientes, y si bebieren cosa mortífera, no les hará daño; sobre los enfermos pondrán sus manos, y sanarán. (Marcos 16:17–18)

No existe separación entre enfermedades y dolencias de Satanás. La enfermedad entró con la caída del hombre. No se puede concebir que hubiera enfermedad en el huerto del Edén antes de que Adán pecara. La caída fue del adversario. La enfermedad y el pecado tienen el mismo origen.

La actitud de Jesús hacia la enfermedad fue una guerra sin tregua con Satanás. Él sanó a todos los que estaban enfermos. No hubo nadie que acudiera a Él y que no recibiera una liberación inmediata. La actitud de Jesús hacia el pecado y su actitud hacia la enfermedad fueron idénticas. Trató la enfermedad del mismo modo que trató con los demonios.

Hemos llegado a la conclusión de que si la enfermedad y las dolencias son del diablo (y hemos visto que lo son), entonces sólo hay una actitud que un creyente pueda tener con respecto a ellas: debemos seguir los pasos de Jesús y tratar la enfermedad como Jesús lo hizo.

COMO TRATÓ DIOS LA ENFERMEDAD BAJO EL PRIMER PACTO

Cuando Israel salió de Egipto, era el pueblo de Dios bajo pacto. En el momento en que la nación había cruzado el mar Rojo y se dirigía hacia su tierra prometida, el ángel del pacto le dijo a Moisés:

Si oyeres atentamente la voz de Jehová tu Dios, e hicieres lo recto delante de sus ojos, y dieres oído a sus mandamientos, y guardares todos sus estatutos, ninguna enfermedad de las que [permití] *a los egipcios te* [permitiré] *a ti; porque yo soy Jehová tu sanador.*

(Éxodo 15:26)

El estudiante de hebreo reconocerá que me he tomado la libertad de traducir literalmente la expresión: *"Ninguna enfermedad de las que envíe"* como *"ninguna enfermedad en las que* [permití]*"*. Creo que esta es una traducción más correcta.

Dios no envío a las enfermedades sobre Israel ni tampoco envió las enfermedades sobre los egipcios. Es Satanás, el dios de este mundo, el que ha hecho que los hombres estén enfermos.

Aquí Jehová declara que es el Sanador de Israel:

Mas a Jehová vuestro Dios serviréis, y él bendecirá tu pan y tus aguas; y yo quitaré toda enfermedad de en medio de ti. No habrá mujer que aborte, ni estéril en tu tierra; y yo completaré el número de tus días.

(Éxodo 23:25–26)

Él dice que quitará las enfermedades de en medio de ellos. Es un hecho a destacar que mientras Israel permaneció en el pacto, no hubo enfermedad entre ellos. No hay registro de ningún niño o joven que haya muerto mientras guardaran el pacto

"No habrá mujer que aborte". No debía haber abortos naturales o anormales. No debía haber mujeres estériles en la tierra. Cada hogar era para tener hijos.

"Y yo completaré el número de tus días". No debía haber muertes prematuras. Cada persona crecía y terminaba sus días hasta que dejaba su obra.

Esto es destacable. Jehová se encargaba de la nación. Se convirtió en su Sanador, Protector y Proveedor de todas sus necesidades. Él era lo único que necesitaban:

Y te amará, te bendecirá y te multiplicará, y bendecirá el fruto de tu vientre y el fruto de tu tierra, tu grano, tu mosto, tu aceite, la cría de tus vacas, y los rebaños de tus ovejas, en la tierra que juró a tus padres que te daría. Bendito serás más que todos los pueblos; no habrá en ti varón ni hembra estéril, ni en tus ganados. Y quitará Jehová de ti toda enfermedad; y todas las malas plagas de Egipto, que

tú conoces, no las pondrá sobre ti, antes las
pondrá sobre todos los que te aborrecieren.
(Deuteronomio 7:13–15)

Jehová iba a suplir cada una de sus necesidades,
todas las demandas de la nación. Él iba a estar en contacto íntimo con cada miembro de la familia. Todo lo
concerniente a ellos iba a llevar el sello de prosperidad
y éxito. Las enfermedades y dolencias no iban a ser
toleradas entre ellos.

Mas he aquí los hechos de Asa, primeros y
postreros, están escritos en el libro de los
reyes de Judá y de Israel. En el año treinta y
nueve de su reinado, Asa enfermó gravemen-
te de los pies, y en su enfermedad no buscó
a Jehová, sino a los médicos. Y durmió Asa
con sus padres, y murió en el año cuarenta y
uno de su reinado. (2 Crónicas 16:11–13)

Uno puede ver claramente aquí que Jehová no estaba satisfecho con Asa por buscar la ayuda del hombre cuando Dios había prometido ser su Sanador.
Lea los Salmos cuidadosamente, y descubri-
rá que Dios era el Sanador de Israel. Se menciona
continuamente.

Él es quien perdona todas tus iniquidades, el
que sana todas tus dolencias. El que rescata
del hoyo tu vida, el que te corona de favores y
misericordias; el que sacia de bien tu boca de
modo que te rejuvenezcas como el águila.
(Salmo 103:3)

El hecho de que la enfermedad viniera como consecuencia de la desobediencia a la Ley es evidente. El perdón por la desobediencia significaba la sanidad de sus cuerpos.

Compartimos con Él su vida resucitada. Reinamos como reyes en el ámbito de la vida resucitada.

Usted es lo que Él dice que es, ya sea que lo reconozca o no. Usted comparte todo lo que Él es o hizo. Como Él era en su caminar terrenal, así lo es usted hoy. Así como Él está sentado a la diestra del Padre (véase Efesios 1:20), así lo está usted legalmente.

Pero Dios, que es rico en misericordia, por su gran amor con que nos amó, aun estando nosotros muertos en pecados, nos dio vida juntamente con Cristo (por gracia sois salvos), y juntamente con él nos resucitó, y asimismo nos hizo sentar en los lugares celestiales con Cristo Jesús. (Efesios 2:4–6)

Capítulo 16

PROFECÍAS RELATIVAS
A LA VENIDA DEL SANADOR

*D*espués que Dios le hubiera dicho a Israel que la razón de las enfermedades y las dolencias era que se habían rebelado contra la Palabra de Dios y condenado el consejo del Altísimo, declaró: *"Fueron afligidos los insensatos, a causa del camino de su rebelión y a causa de sus maldades"* (Salmo 107:17). Ellos mismos se apartaron de la protección del pacto.

Creo que está en el plan del Padre que ningún creyente esté nunca enfermo, que viva todos sus días y después se desgaste y muera. No es voluntad del Padre que suframos de cáncer o cualquier otra enfermedad mortal que produce dolor y angustia.

> *Su alma abominó todo alimento, y llegaron hasta las puertas de la muerte. Pero clamaron a Jehová en su angustia, y los libró de sus aflicciones. Envió su palabra, y los sanó, y los libró de su ruina.* (Salmo 107:18–20)

Los hombres estaban enfermos porque quebrantaron las leyes, porque pecaron contra la Palabra de Dios. Me estoy refiriendo ahora a los judíos. Mientras guardaron las leyes del pacto, no había enfermedad entre ellos, pero cuando pecaron, sus cuerpos se llenaron de enfermedades. Tenían derecho a volverse al Señor y encontrar su sanidad. Prácticamente todos los profetas más destacados tuvieron la capacidad de sanar a los enfermos bajo el primer pacto.

Isaías 53 nos dibuja la venida del Mesías. Es una descripción muy gráfica:

> *Despreciado y desechado entre los hombres, varón de dolores, experimentado en quebranto; y como que escondimos de él el rostro, fue menospreciado, y no lo estimamos. Ciertamente llevó él nuestras enfermedades, y sufrió nuestros dolores; y nosotros le tuvimos por azotado, por herido de Dios y abatido.*
>
> (Isaías 53:3–4)

Este versículo tiene que ver con el problema de la enfermedad que afronta hoy la iglesia y el mundo, así como el problema del pecado. Jesús ha llevado nuestras enfermedades y dolencias. Él fue herido de Dios y abatido con nuestras enfermedades. Fue Dios quien puso nuestras enfermedades sobre Jesús.

> *Con todo eso, Jehová quiso quebrantarlo, sujetándole a padecimiento. Cuando haya puesto su vida en expiación por el pecado, verá linaje, vivirá por largos días, y la voluntad de Jehová será en su mano prosperada.*
>
> (Isaías 53:10)

Dios le sujetó a padecimiento con nuestras enfermedades. Él fue afligido con ellas.

Respecto a nuestros pecados: "***Mas él herido fue por nuestras rebeliones, molido por nuestros pecados; el castigo de nuestra paz fue sobre él, y por su llaga*** *fuimos nosotros curados*". Él trató el cuerpo del hombre, su alma y su espíritu. Puso nuestras iniquidades y nuestras enfermedades sobre Jesús. Él fue golpeado, afligido y abatido con nuestras enfermedades y nuestros pecados: "*Al que no conoció pecado, por nosotros lo hizo pecado, para que nosotros fuésemos hechos justicia de Dios en él*" (2 Corintios 5:21).

Él ya le ha sanado. En la mente del Padre, usted está curado.

Jesús sabe que llevó sus enfermedades. Le debe doler mucho cuando le oye hablar de que usted las lleva.

Aprenda a decir: "Estoy curado porque Él hizo esa obra y satisfizo a la corte suprema del universo". Eso le hace libre. El pecado ya no se enseñoreará de usted porque usted es una nueva criatura.

¿Cuándo fue sanado? Cuando Jesús derrotó a Satanás y le despojó de su autoridad y resucitó, usted fue sanado.

Capítulo 17

EL MINISTERIO DE JESÚS

espués de la tentación, Jesús recorrió el monte y las multitudes se agolpaban.

Y recorrió Jesús toda Galilea, enseñando en las sinagogas de ellos, y predicando el evangelio del reino, y sanando toda enfermedad y toda dolencia en el pueblo. Y se difundió su fama por toda Siria; y le trajeron todos los que tenían dolencias, los afligidos por diversas enfermedades y tormentos, los endemoniados, lunáticos y paralíticos; y los sanó.

(Mateo 4:23–24)

Cada vez que Jesús entraba en contacto con las personas, sanaban a los enfermos. No rechazó a nadie, y todos fueron sanados.

Algunos nos han hecho creer que hay algunos casos en los que no es la voluntad del Padre sanar. Sin embargo, esas mismas personas toman medicina y envían a buscar a los médicos cuando declaran que no es la voluntad de Dios sanarles. Lo que ocurre es que no hay ningún caso en que no sea la voluntad del Padre sanar. No es la voluntad del Padre que alguien muera de una enfermedad.

La enfermedad no le pertenece al Cuerpo de Cristo. No es normal ni natural; cuando Jesús dijo: *"Yo soy la vid, y vosotros los pámpanos"* (Juan 15:5), quiso decir que estábamos unidos a Él de manera tan íntima y vital como los pámpanos están unidos a la vid.

Ahora puede entender por qué Jesús no podía tener cáncer, tuberculosis, neumonía ni ninguna otra enfermedad mortal. Él es la vid. Nosotros, como pámpanos, no deberíamos tampoco tener estas cosas.

No es normal que los creyentes estén atados a la pobreza de tal manera que tengan que acudir al mundo a pedir ayuda. Tampoco es normal que tengan que ir a los médicos a que les sanen.

El creyente es de Dios. Ha sido redimido de la mano del enemigo. Tiene la misma naturaleza y vida de Dios en él. Es la justicia de Dios en Cristo. No ha sido sólo redimido de la mano de Satanás y hecho una nueva criatura, sino que también está en la presencia del Padre sin sentir culpa ni condenación. Tiene la misma libertad con el Padre ahora que tendrá después de morir cuando vaya al cielo. Ahora está ante el Padre como Jesús lo estuvo ante Él.

La naturaleza amorosa del Padre ha tomado el lugar de la naturaleza de Satanás en su vida. El creyente ya no teme a las enfermedades ni a las circunstancias adversas. No está lleno de temor y ataduras. El Hijo le ha hecho libre.

El perfecto amor echa fuera el temor. (Véase 1 Juan 4:18). El creyente está lleno de la naturaleza divina de Dios, y la naturaleza de Dios es amor.

No hay cabida para las enfermedades y las dolencias en el Cuerpo de Cristo. Estas nuevas criaturas son los hijos de Dios, herederos de Dios, y coherederos con

Jesucristo. (Véase Romanos 8:16–17). Tienen a Dios morando en ellos. Tienen la vida y naturaleza de Dios, y Dios mismo, en la persona del Espíritu Santo que resucitó a Jesús de los muertos, ha establecido su hogar en sus cuerpos.

> *Y si el Espíritu de aquel que levantó de los muertos a Jesús mora en vosotros, el que levantó de los muertos a Cristo Jesús vivificará también vuestros cuerpos mortales por su Espíritu que mora en vosotros.*

> (Romanos 8:11)

En el ministerio de Jesús había una coordinación perfecta entre Él y el Padre. La actitud de Jesús hacia la enfermedad y el pecado era la actitud del Padre. Vivió entre los judíos, el pueblo de Dios del pacto, y sanó sus enfermedades, rompiendo el dominio de Satanás sobre ellos de manera individual.

Cuando fue a la cruz, se convirtió en su sustituto, el que llevó su pecado, el que llevó sus enfermedades. Cuando fue golpeado y herido y clavado a esa cruz, Isaías 53 se convirtió en una realidad: *"Ciertamente llevó él nuestras enfermedades, y sufrió nuestros dolores; y nosotros le tuvimos por azotado, por herido de Dios y abatido"* (versículo 4). Fue la mano de la justicia lo que cayó sobre Él como nuestro sustituto cuando llevó nuestras enfermedades.

Capítulo 18

La Gran Comisión

Esto es de vital importancia para cada creyente. Cuando Jesús se estaba despidiendo de los discípulos, como vemos en Mateo 28, dijo:

Y Jesús se acercó y les habló diciendo: Toda potestad me es dada en el cielo y en la tierra. Por tanto, id, y haced discípulos a todas las naciones, bautizándolos en el nombre del Padre, y del Hijo, y del Espíritu Santo; enseñándoles que guarden todas las cosas que os he mandado; y he aquí yo estoy con vosotros todos los días, hasta el fin del mundo. Amén.

(Mateo 28:18–20)

Jesús ha recibido toda autoridad en el cielo y la tierra. Él no necesita la autoridad, pues siempre la tuvo; así pues, ¿por qué se le dio cuando se iba de esta tierra? Se le dio porque era la cabeza de la iglesia, el primero entre los muertos.

Era el Señor de la iglesia. La iglesia sería su cuerpo, y Él iba a usar esa autoridad a través de la iglesia. Toda la autoridad que le había sido dada fue para el beneficio de la iglesia.

Si no hubiera forma de que la iglesia usara esta capacidad, entonces es como el capital que no usamos. Por ejemplo, tenemos miles de millones de dólares en oro "enterrados" en Fort Knox por el gobierno. Algunos ven esto como un rasgo de cierta ineptitud, cuando podría estar en circulación para ser de bendición a las personas.

La iglesia ha hecho lo mismo con lo de "*toda autoridad*" que Dios le dio a Jesús. La iglesia ha enterrado esa autoridad con su teología y sus credos. Pocos parecen haber podido alcanzarla, así que no le está beneficiando a nadie.

La iglesia no sabe que, antes de que Jesús se fuera, le entregó a su iglesia el poder para usar su nombre. Este poder le da al creyente acceso a "*toda autoridad*".

Y todo lo que pidiereis al Padre en mi nombre, lo haré, para que el Padre sea glorificado en el Hijo. Si algo pidiereis en mi nombre, yo lo haré. (Juan 14:13–14)

Esto no es orar, sino usar el nombre de Jesús para acceder a esta "*toda autoridad*". El libro de Hechos narra caso tras caso en los que los hombres accedieron a esa "*toda autoridad*". Los hombres fueron bendecidos por ello.

Esa "*toda autoridad*" sigue hoy disponible para los que usan el nombre de Jesús. Esa autoridad nunca ha sido retirada.

Si una parte de la Gran Comisión ha sido abrogada, entonces ha sido desechada por entero. Si se ha desechado un milagro, entonces todos los milagros han sido desechados, y el nombre de Jesús no tiene autoridad. Pero sabemos que su nombre nos fue dado para obrar milagros.

Jesús dijo:

Y estas señales seguirán a los que creen: En mi nombre echarán fuera demonios; hablarán nuevas lenguas; tomarán en las manos serpientes, y si bebieren cosa mortífera, no les hará daño; sobre los enfermos pondrán sus manos, y sanarán. (Marcos 16:17–18)

Cada una de estas cinco cosas es algo que el adversario lleva a la iglesia de Dios y el mundo no salvo. Han de suceder cinco manifestaciones milagrosas.

Satanás tiene a los hombres atados y les llena con el veneno del temor. Satanás les ha robado su testimonio para que ya no hablen en nuevas lenguas de liberación y victoria. Les ha robado su capacidad de imponer manos sobre los enfermos y ver a sus seres queridos recuperarse. ¿Por qué? Porque el conocimiento sensorial ha obtenido el dominio sobre el ministerio.

Jesús dijo que cuando los hombres creyeran en Él, estas cosas les acompañarían. Enseguida, comienzan a echar fuera demonios, comienzan a hablar con lenguas de poder, enseguida comienzan a dominar la enfermedad. Las serpientes son típicas de las enfermedades y los demonios.

Y el Señor, después que les habló, fue recibido arriba en el cielo, y se sentó a la diestra de Dios. Y ellos, saliendo, predicaron en todas partes, ayudándoles el Señor y confirmando la palabra con las señales que la seguían. (Marcos 16:19–20)

La Palabra que Él había hablado (y la Palabra que ellos se atrevían a confesar) era confirmada con las señales que la seguían.

La actitud de Dios hacia el pecado y la enfermedad nunca ha cambiado. *"Jesucristo es el mismo ayer, y hoy, y por los siglos"* (Hebreos 13:8). Él se opuso a la enfermedad entonces y se opone a la enfermedad ahora. Sufrió por el pecado, y su actitud hacia el pecado ahora es la misma que era entonces.

Cristo sentado es un recibo para su sanidad. El Cristo sentado demuestra que terminó su obra.

Piense siempre en Satanás como alguien derrotado, como alguien sobre el que, en el nombre de Jesús, usted tiene dominio. En ese nombre la nueva criatura es el amo de los demonios, de las enfermedades y de cada circunstancia que pueda mantenerla en esclavitud.

Tenemos una redención perfecta, una nueva creación perfecta, y una unión perfecta con Cristo. *"Yo soy la vid, vosotros los pámpanos"* (Juan 15:5). Tenemos un mensaje que trae éxito, salud, felicidad y victoria a cada hombre. Cada hombre es un fracaso fuera de Cristo.

Tenemos la solución de Dios para el problema humano. La Palabra viva en sus labios le hace ser un vencedor, hace que la enfermedad y la pobreza sean sus siervos. La Palabra viva en sus labios hace que Dios entre en escena, trayendo la victoria, gozo y éxito a los derrotados.

Capítulo 19

La revelación de Dios acerca de Jesucristo dada al apóstol Pablo

En la revelación de Jesucristo del apóstol Pablo, vemos el elemento sobrenatural de una luz que la iglesia moderna nunca ha visto.

La revelación de Pablo comienza con Jesús siendo hecho pecado. Trata sobre lo que Jesús hizo, y lo que se le hizo a Él durante los tres días y tres noches hasta que finalmente resucitó de los muertos, llevó su sangre al lugar santísimo celestial, *"y no por sangre de machos cabríos ni de becerros, sino por su propia sangre, entró una vez para siempre en el Lugar Santísimo, habiendo obtenido eterna redención"* (Hebreos 9:12), y se sentó a la diestra del Padre. La revelación de Jesucristo de Pablo cubre el periodo desde la crucifixión de Cristo hasta que se sentó *"a la diestra de la Majestad en las alturas"* (Hebreos 1:3).

Trata sobre tres temas importantes:

- Lo que Dios hizo por nosotros en Cristo en la gran sustitución
- Lo que el Espíritu Santo, a través de la Palabra, puede hacer en nosotros en la nueva creación, y
- Lo que Jesús está haciendo por nosotros ahora a la diestra del Padre

Podemos tratar sólo dos fases de esta obra de Cristo hasta el momento.

Lo que Él hizo por nosotros

Es tremendamente importante que el lector entienda bien estos hechos fundamentales. Cristo no resucitó de los muertos hasta que hubo roto el dominio de Satanás. Era un imperativo que la autoridad de Satanás sobre el hombre fuera rota. Cristo no resucitó de los muertos hasta que hubo conquistado al adversario.

> *El cual nos ha librado de la potestad de las tinieblas, y trasladado al reino de su amado Hijo, en quien tenemos redención por su sangre, el perdón de pecados.*
>
> (Colosenses 1:13–14)

Él nos libró de la autoridad de Satanás. La palabra traducida aquí como "potestad" significa "autoridad".

Nos trasladó al reino del Hijo amado. Ese es el nuevo nacimiento, la regeneración. Tenemos nuestra redención, y cada creyente ha sido liberado de la autoridad de Satanás, trasladado a la familia de Dios y redimido en Cristo. Ha sido redimido, y Satanás ya no tiene dominio sobre él. *"Porque el pecado no se enseñoreará de vosotros"* (Romanos 6:14).

El pecado es de Satanás. Satanás no se enseñoreará de usted. Satanás no tiene más dominio sobre el creyente que el que Faraón tenía sobre los hijos de Israel cuando cruzaron el mar Rojo. Satanás no tiene dominio sobre usted. Satanás no puede poner enfermedades sobre usted sin su consentimiento. Puede que usted lo consienta por ignorancia, pero lo está consintiendo.

Satanás está derrotado y vencido, en cuanto a lo que usted respecta. Satanás no sólo está vencido, sino que Dios le ha hecho a usted una nueva criatura sobre la que Satanás no tiene ningún dominio:

De modo que si alguno está en Cristo, nueva criatura es; las cosas viejas pasaron; he aquí todas son hechas nuevas. Y todo esto proviene de Dios, quien nos reconcilió consigo mismo por Cristo, y nos dio el ministerio de la reconciliación. (2 Corintios 5:17–18)

Estas cosas viejas son: derrota, fracaso, debilidad, pobreza, pecado y muerte espiritual.

Somos nuevas criaturas, y Jesús es la cabeza de esta nueva creación. Él es el Señor de esta nueva creación. Él ha ocupado el lugar de Satanás, y Satanás ya no tiene dominio sobre nosotros. No tenemos que temerle, porque ha sido vencido.

En Romanos 8:31–39 el Espíritu, a través del apóstol Pablo, nos da la posición de la iglesia. Nuestra victoria está asegurada con estas palabras: *"Antes, en todas estas cosas somos más que vencedores por medio de aquel que nos amó"* (versículo 37).

Tenemos una redención completa y perfecta. Como nuevas criaturas no sólo hemos sido declarados justos y justificados, sino que tanto Dios como Jesús declaran que somos su justicia.

Justicia significa la capacidad de poder estar en la presencia del Padre sin un sentimiento de culpa, con la misma libertad que tiene Jesús.

¿Por qué? Porque Romanos 3:26 declara: *"a fin de que él sea el justo, y el que justifica al que es de la fe de Jesús"*.

Dios se ha convertido en su justicia en Cristo Jesús. Dios ha hecho que Jesús sea la justicia para usted. (Véase 1 Corintios 1:30). Este es un dato increíble. Sin embargo, no se detiene ahí: *"Al que no conoció pecado, por nosotros lo hizo pecado, para que nosotros fuésemos hechos justicia de Dios en él"* (2 Corintios 5:21).

Si el lenguaje significa algo, entonces cada creyente está completo en Cristo: *"Y vosotros estáis completos en él, que es la cabeza de todo principado y potestad"* (Colosenses 2:10). *"Porque de su plenitud tomamos todos, y gracia sobre gracia"* (Juan 1:16).

El creyente no es un suplicante rastrero, rogando favores. Es un hijo de Dios, heredero de Dios, príncipe de Dios. Está en la presencia del Padre, sin alterarse, sin miedo, hecho justo por la justicia de Dios, liberado con la libertad de Dios. El Hijo le ha hecho libre. Usted es libre en verdad. Las enfermedades y las dolencias no tienen dominio sobre usted.

Si tuviera espacio, demostraría que usted no sólo está redimido, es una nueva criatura y además la justicia de Dios, sino que también es un hijo de Dios, de su familia. (Véase Romanos 8:16–17).

Y más aún, el Espíritu Santo, que resucitó a Jesús de los muertos, establece su hogar en su cuerpo. Quizá usted nunca le haya dado su lugar, o nunca haya sido consciente de que Dios ha hecho su hogar en usted o de que tiene la capacidad de Dios en usted. Puede que nunca se haya aprovechado de que su mente ha sido renovada hasta el punto de poder conocer la voluntad de Dios realmente.

No sólo tiene a Dios en usted, sino que también tiene el nombre de Jesús con la autoridad que Dios le dio a Jesús en ella.

En ese nombre puede poner manos sobre usted mismo si tiene un dolor y recibir su liberación. En ese nombre puede romper el poder del adversario sobre sus finanzas, sobre su hogar, sobre los cuerpos de sus seres queridos.

Los miembros individuales del Cuerpo de Cristo han recibido un poder y una autoridad ilimitados.

ALGUNOS DE LOS OBSTÁCULOS PARA LA SANIDAD

Quizás las armas más sutiles y peligrosas del diablo sean el sentimiento de indignidad y el sentimiento de falta de fe.

Su valía es Jesucristo, el justo. Usted es la justicia de Dios en Él.

El sentimiento de indignidad es una negación del sacrificio sustitutorio de Cristo, de su estatus en Cristo y de la justicia de Cristo ante el Padre, la cual le ha sido dada.

Un segundo obstáculo es que se haya conformado con esperanza y aprobación mental en lugar de fe. Usted nunca espera algo que ya tiene, sino algo que aún no tiene. Cuando usted espera su sanidad, significa que no tiene una fe activa y presente en ello, sino que espera conseguirla en algún momento.

La esperanza se puede convertir fácilmente en una hermosa ilusión, en un pensamiento iluso. La aprobación mental es un tipo de esperanza. La aprobación mental es el sustituto que el adversario le ha ofrecido a la iglesia en la actualidad en lugar de la fe.

Muchos declaran que la Biblia es verdad desde Génesis hasta Apocalipsis, pero no aceptan los milagros salvo en casos raros y aislados. Asienten a la verdad de la Palabra, pero no la creen. Dicen: "Sí, creo que la Biblia es verdad", pero nunca la aplican.

Creer es aplicar la Palabra de Dios. No hay fe sin acción.

"Así también la fe, si no tiene obras, es muerta en sí misma" (Santiago 2:17). Básicamente, esto dice que nuestra fe debe estar seguida de acciones. No puede haber fe sin aplicar la Palabra. Puedo asentirla y seguir como estoy; puedo admirarla, pero no es mía.

Todo lo que la Biblia declara me pertenece. Cuando pude ver la diferencia entre aprobación mental y fe, me convertí en una bendición para multitudes. Muchos han sido sanados por la radio cuando dejaron de usar la aprobación mental y aplicaron la Palabra.

Otro enemigo de la fe es la evidencia del conocimiento sensorial. El hombre cree en lo que puede ver. Es como Tomás, que dijo: *"Si no viere en sus manos la señal de los clavos, y metiere mi dedo en el lugar de los clavos, y metiere mi mano en su costado, no creeré"* (Juan 20:25).

Jesús apareció de repente y dijo: *"Pon aquí tu dedo, y mira mis manos; y acerca tu mano, y métela en mi costado; y no seas incrédulo, sino creyente"* (Juan 20:27).

La fe bíblica es la certeza de lo que se espera. Es una convicción de la realidad de las cosas que no se ven en lo natural. La fe es cambiar la esperanza por realidad.

La fe real es actuar cuando vemos una evidencia contraria. Los sentidos declaran: "No puede ser", pero la fe grita por encima de la confusión: "¡Es!".

La fe cuenta las cosas como ya logradas antes de que Dios haya actuado. Eso hace que Dios se mueva, porque Dios es un Dios de fe.

El mundo fue creado por la Palabra de Dios de tal modo que las cosas que se ven no fueron hechas de las cosas que había (Hebreos 11:3). Todo lo que Dios hizo al comienzo fue decir: "Sea", y fue.

De igual forma, lo único que la fe tiene que decir es: "Haya una quietud perfecta en el cuerpo y el espíritu de este hombre", y la enfermedad se debe ir. La fe dice: "Que haya abundancia donde ha reinado la pobreza; que haya libertad donde ha habido esclavitud", y esas cosas deben suceder.

Capítulo 20

LA SANIDAD NOS PERTENECE

UNA CONVERSACIÓN SINCERA

Muchas veces se han acercado a mí con esta sincera pregunta:

PERSONA: "He estado orando y orando, y no he tenido ninguna respuesta, he pedido que otros oren por mí, y mi enfermedad ha empeorado. ¿Puede usted hacer algo por mí?".

EWK: "Sí, creo que puedo. ¿Alguna vez se ha dado cuenta de que la sanidad le pertenece, de que no necesita orar por ello?".

PERSONA: "¡Nunca había oído algo así!".

EWK: "Es cierto. Permítame demostrárselo. '*Ciertamente llevó él nuestras* [enfermedades], *y sufrió nuestros* [dolores]; *y nosotros le tuvimos por azotado, por herido de Dios y abatido*' (Isaías 53:4). ¿Qué dice Él que hizo con nuestras enfermedades?".

PERSONA: "No estoy seguro de entenderlo".

EWK: "*Ciertamente llevó él nuestras* [enfermedades], *y sufrió nuestros* [dolores]; *y nosotros le tuvimos por azotado, por herido de Dios y abatido*'. Entiende esto, ¿verdad?".

PERSONA: "Sí, creo que sí".

EWK: "¿Entiende que a Dios le agradó azotarle? Él le sujetó a padecimiento con nuestras enfermedades".

PERSONA: "¿Qué tiene que ver eso conmigo?".

EWK: "Significa que estos dolores y aflicciones que está usted sufriendo fueron puestos sobre Jesús. Jesús los llevó, como llevó sus pecados. Él fue herido por sus transgresiones, molido por sus pecados, el castigo de su paz fue sobre Él, y por su llaga usted fue curado. Dios puso sus pecados, iniquidades y aflicciones sobre Jesús, así que usted ya no tiene que llevarlos".

PERSONA: "Nunca lo había visto así. ¿Quiere decir que Dios puso mis enfermedades sobre Él y le afligió con mis dolencias?".

EWK: "Sí, eso es lo que declara la Palabra. Él le hizo pecado con sus pecados para que usted pudiera ser la justicia de Dios en Cristo. (Véase 2 Corintios 5:21). Le afligió con sus dolencias para que usted estuviera perfectamente bien en Cristo. (Véase Romanos 6:14). Es un regalo. La sanidad es suya, así que dele gracias por ello".

PERSONA: "¿Cómo puedo recibir este regalo cuando no lo veo como algo real?".

EWK: "Dios puso sus enfermedades sobre Cristo, quien las llevó por usted. Él fue golpeado, abatido, azotado por Dios y afligido con sus dolencias. Satanás no tiene derecho a poner sobre usted lo que Dios ya puso sobre Jesús. Cuando su corazón entienda esto como entiende otros hechos de la vida, habrán terminado las enfermedades. No puede estar enfermo cuando sabe esto, cuando lo sabe con la misma certeza que sabe que '*mas Jehová cargó en él el pecado de todos nosotros*' (Isaías 53:6)".

118

PERSONA: "¿Está usted diciendo que puedo ser libre de las enfermedades y las dolencias?".

EWK: "La promesa de Romanos 6:14 de que el pecado no se enseñoreará de usted es suya hoy. La enfermedad y el dolor son cosas del pasado porque '*si el Hijo os libertare, seréis verdaderamente libres*' (Juan 8:36). Realmente, si Él le ha hecho libre del pecado, entonces el pecado no tiene dominio sobre usted. Si Él le ha hecho libre de la enfermedad, ésta no debe enseñorearse de usted. Si Él le ha liberado de Satanás, Satanás no tiene dominio sobre usted. Si Él le ha liberado de las circunstancias, las circunstancias no se enseñorearán más de usted".

PERSONA: "¿Cómo puedo escapar de la trampa de mis circunstancias?".

EWK: "¡De la forma en que nos han hecho oscilar en el pasado! Ahora pertenecemos a un nuevo orden de cosas. Somos los amos de las circunstancias, de los demonios, de las enfermedades. El pecado y los demonios no tienen dominio sobre nosotros. El Hijo nos ha liberado. A ojos de Dios somos libres. A ojos de Jesús somos libres. Según la Palabra, somos libres. '*Estad, pues, firmes en la libertad con que Cristo nos hizo libres, y no estéis otra vez sujetos al yugo de esclavitud*' (Gálatas 5:1). Aférrese a esta confesión; hágala suya".

PERSONA: "¿Cómo puedo hacer que esto sea verdaderamente mío?".

EWK: "Ocupe su lugar, haga su parte. No permita que Satanás tenga nada que ver con el cuerpo en el que usted vive. '*¿O ignoráis que vuestro cuerpo es templo del Espíritu Santo, el cual está en vosotros, el cual tenéis de Dios?*' (1 Corintios 6:19). Es el hogar de Dios.

Usted es el supervisor que vive en él. Tiene que cuidar de que Satanás no traspase la propiedad de Dios".

PERSONA: "¿Cómo puedo impedir que lo haga?".

EWK: "Jesús dijo: *En mi nombre echarán fuera demonios*' (Marcos 16:17). Jesús le ha dado derecho a usar su nombre. Ese nombre puede romper el poder de las enfermedades, el poder del adversario. Ese nombre puede detener la enfermedad y el fracaso para que no reinen sobre usted. No hay enfermedad que haya venido sobre la humanidad que este nombre no pueda destruir".

Nuestra confesión es nuestra fe hablando.

JESÚS Y SU NOMBRE SON UNO

Ese nombre y Jesús son uno, así como su nombre y usted son uno.

No tiene que pelear por obtener esa libertad por usted mismo. Lo único que debe hacer es disfrutarla y caminar en la luz de la Palabra. Haga de esto su confesión. Dígale al mundo que por su llaga usted fue curado, y que la enfermedad ha perdido su dominio, que ya no puede enseñorearse de usted.

Si declaramos palabras de fe en vez de palabras de duda, estaremos hablando el lenguaje de Dios. Las palabras de duda vienen de otra fuente.

No puede hablar de enfermedades y dolencias y seguir caminando en sanidad divina. No puede hablarles a sus amigos de su enfermedad y sus achaques, y quejarse por sus problemas para obtener su compasión, sin perder su comunión con Él. Cuando les contamos nuestros problemas a otras personas, perdemos nuestra fe y la dulce comunión con el Padre. Con frecuencia, les contamos nuestros problemas a otros para obtener su compasión cuando deberíamos echar nuestra ansiedad y problemas sobre Él porque Él cuida de nosotros. (Véase 1 Pedro 5:7).

Cuando hablamos sobre nuestras debilidades, fracasos y dolencias, glorificamos al diablo que nos las dio.

Hablar de nuestros problemas, que están causados por Satanás, es confesar que Satanás es el amo y que ha obtenido el dominio. Esto engrandece los problemas; hace que la enfermedad empeore; nos hace sentir peor.

La verdadera confesión en nuestras vidas debería ser sobre la capacidad de Dios, su fidelidad, y que nuestros problemas fueron llevados por Jesús al igual que llevó nuestras enfermedades y pecados. Aférrese a su confesión de lo que Dios es para usted y quién es usted en Cristo. Cuando se sienta débil y fracasado, simplemente confiese esta palabra: *"Todo lo puedo en Cristo que me fortalece"* (Filipenses 4:13).

Abandone su confesión sobre la supremacía de Satanás. Usted sabe que la enfermedad viene del adversario y que la falta de capacidad viene del enemigo. Si está usando palabras inspiradas por un demonio, no espere tener una dulce comunión con el cielo.

Lo que nosotros hablamos es la palabra de fe. Nuestros labios están llenos con la palabra de fe. Nuestros corazones están cantando la canción de fe.

"De cierto, de cierto os digo: El que cree en mí, tiene vida eterna" (Juan 6:47). Es el creyente el que posee. Yo creo que tengo, y por tanto me gozo en mi posesión, disfruto de mi posesión. La salud es mi posesión; el éxito es mi posesión.

Tengo mucho porque Él es mi proveedor; Él suple y es *"conforme a su riquezas en gloria en Cristo*

Jesús" (Filipenses 4:19). No me estoy todo el día quejando; estoy alabando y me estoy gozando. La fe posee: las posesiones de la fe son reales, tan reales como las posesiones de los sentidos. Las cosas espirituales son tan reales como las cosas materiales.

"*Porque por fe andamos, no por vista*" (2 Corintios 5:7). Andamos en el ámbito de Dios. No sólo andamos por fe, sino que también hablamos por fe. Hemos salido del ámbito de los sentidos.

Cuando aprende a hablar por fe, el dominio de la enfermedad se rompe en usted, pero mientras esté hablando con la razón y siga las sugerencias de los sentidos (sentir, ver, tocar), vivirá y caminará en un ámbito donde la enfermedad afectará a su vida y el dolor tendrá una fiesta en su cuerpo.

Si aprende a hablar en fe, será un vencedor.

Este pasaje lo deberían conocer todos los creyentes; debería ser parte de su conocimiento consciente para usarlo todos los días.

> *Porque todo lo que es nacido de Dios vence al mundo; y esta es la victoria que ha vencido al mundo, nuestra fe. ¿Quién es el que vence al mundo, sino el que cree que Jesús es el Hijo de Dios?* (1 Juan 5:4–5)

ALGUNAS COSAS NACIDAS DE DIOS

La nueva creación es nacida de Dios. La justicia es nacida de Dios. El amor es nacido de Dios. La fe es nacida de Dios. Estos son los vencedores del mundo.

"¿Quién es el que vence al mundo, sino el que cree que Jesús es el Hijo de Dios?". Usted cree eso, y eso significa que es un vencedor. Los creyentes son ganadores.

Deje las tierras bajas de la duda y el temor. Salga hacia las tierras altas y camine en comunión con Él. La sanidad y la victoria son suyas. Deje el fracaso para los fracasados. Estamos caminando con el poder de Dios, luchando con las armas de la justicia, tanto en ataque como en defensa.

"Antes, en todas estas cosas somos más que vencedores" (Romanos 8:37). ¿Por qué? Porque hemos resucitado con Cristo. Cuando Jesús resucitó de los muertos fue nuestra victoria sobre el enemigo.

Colosenses 2:15 nos dice que Cristo desarmó a los principados y potestades que luchaban contra Él, y los avergonzó, llevándolos cautivos en su triunfo.[1]

Usted recuerda que fuimos crucificados con Él, muertos con Él, sepultados con Él, sufrimos con Él, justificados con Él, y revividos con Él.

Luego nos encontramos con el enemigo, y le vencimos en Cristo.

Por eso, *"somos hechos participantes de Cristo"* (Hebreos 3:14), *"sepultados con él en el bautismo, en el cual fuisteis también resucitados con él, mediante la fe en el poder de Dios que le levantó de los muertos"* (Colosenses 2:12). Y Dios levantó a Cristo para que pudiéramos tener parte en su vida. Fuimos hechos participantes de la victoria de la resurrección de Cristo, de la vida resucitada de Cristo y de la nueva criatura resucitada de Cristo.

> *Porque de su plenitud tomamos todos.*
> (Juan 1:16)

> *Porque somos hechura suya, creados en Cristo Jesús.* (Efesios 2:10)

---

[1] Basado en una traducción de Conybeare.

Capítulo 21

Lo que Dios ha declarado

Este es el fundamento para la fe: la Palabra viva de Dios.

Lo que Dios dice, es. Lo que el hombre dice, podría ser.

Lo que Dios dice nunca es "podría ser" o "quizá"; siempre es bueno. La Palabra de Dios es una parte de Él mismo, así como su palabra es parte de usted. Lo que usted dice revela su verdadero yo. La gente confía en el "usted" en su voz. Su voz y sus palabras son usted.

Jesús era la voz de Dios. Lo que Jesús dijo, el Padre lo dijo: *"y que nada hago por mí mismo, sino que según me enseñó el Padre, así hablo"* (Juan 8:28). Jesús era el Logos, la Palabra de Dios. Cuando usted lee lo que Jesús dijo u oye lo que está escrito, está oyendo a Dios; está oyendo la Palabra viva.

Dios respalda lo que ha hablado. El trono de Dios respalda lo que Él ha hablado. El carácter de Dios y el carácter de Jesús están implicados en lo que el Padre o Jesús han dicho.

Así, cuando su Palabra dice: *"Ciertamente llevó él nuestras enfermedades, y sufrió nuestros dolores; y nosotros le tuvimos por azotado, por herido de Dios y abatido"* (Isaías 53:4), sabemos que nuestras enfermedades recayeron sobre Él. Cuando termina esa frase con "*y por su llaga fuimos nosotros curados*" (versículo 5), sabemos que somos curados.

Se trata de la integridad de la Palabra.

Mas él herido fue por nuestras rebeliones, molido por nuestros pecados; el castigo de nuestra paz fue sobre él, y por su llaga fuimos nosotros curados. Todos nosotros nos descarriamos como ovejas, cada cual se apartó por su camino; mas Jehová cargó en él el pecado de todos nosotros. (Isaías 53:5–6)

Esto resuelve el problema del pecado. "*Pero ahora, en la consumación de los siglos, se presentó una vez para siempre por el sacrificio de sí mismo para quitar de en medio el pecado*" (Hebreos 9:26). El problema del pecado es un problema resuelto porque Dios dijo que estaba resuelto. Las enfermedades y las dolencias son problemas resueltos porque Dios dijo que Él los había resuelto. Él llevó las enfermedades.

Dios dijo: "*Y por* [cuya] *herida fuisteis curados*" (1 Pedro 2:24), así que esto pone fin a la discusión. Él dijo que el asunto estaba cerrado. Las enfermedades han sido quitadas, así que la enfermedad y las dolencias no se enseñorearán de usted.

Él dijo: "*De modo que si alguno está en Cristo, nueva criatura es; las cosas viejas pasaron; he aquí todas son hechas nuevas*" (2 Corintios 5:17). La enfermedad no tiene nada que hacer en la nueva criatura. Esa es su declaración. Esa frase es parte de Él.

Él dice que usted es una nueva criatura. Dice que es su hijo, nacido de lo alto. "*Lo que es nacido del Espíritu, espíritu es*" (Juan 3:6). Es una declaración de hecho.

Pecado y enfermedad son equivalentes. Ninguno de los dos puede dominar a la nueva criatura. Usted no sólo es su hijo, sino que también es coheredero con Jesús. Usted es copartícipe de todo lo que Cristo hizo y es.

Esto muestra lo cercano que usted está de Él: *"Yo soy la vid, vosotros los pámpanos"* (Juan 15:5).

Dios es una parte de lo que Él dijo. En Cristo, usted es lo que Él dice que es. Usted es una nueva criatura creada en Cristo. *"Ahora, pues, ninguna condenación hay para los que están en Cristo Jesús"* (Romanos 8:1), para la nueva criatura.

Lo que Dios dice, es. Si usted es una nueva criatura, entonces no hay condenación para usted. Si no hay condenación, la enfermedad no se puede enseñorear de usted. Si ha cometido pecados y los confiesa: *"Él es fiel y justo para perdonar* [sus] *pecados y* [limpiarle] *de toda maldad"* (1 Juan 1:9).

Usted es perdonado. Lo que Dios dice, es. No necesita usted hacerlo suyo de algún modo. Está escrito para usted. Simplemente actúe. Es como Dios. Es parte de Dios.

Si Él dice que le ha perdonado, entonces le ha perdonado. Lo que Él perdona, lo olvida. Es como si nunca se hubiera hecho. No queda registrado en ninguna parte, y usted está tan libre como Jesús lo está en presencia del Padre.

Nuestra corta visión, causada por el conocimiento sensorial, nos ha hecho ver como a través de un cristal tintado. La Palabra ha sido oscurecida. No hemos podido captar el sueño de Dios de la realidad de ella. La realidad nunca ha amanecido sobre la iglesia. Nunca se han dado cuenta de que han sido liberados del dominio de Satanás.

"El cual nos ha librado de la potestad de las tinieblas, y trasladado al reino de su amado Hijo, en quien tenemos redención por su sangre, el perdón de pecados" (Colosenses 1:13–14). Hemos sido librados de la autoridad de Satanás. Hemos sido trasladados al reino de su Hijo amado. Estamos en el reino. Somos miembros del reino; somos herederos de Dios y coherederos con Cristo Jesús.

El dominio de Satanás ha terminado. Somos libres, absolutamente liberados. Lo que Dios dice, es. Somos redimidos. No sólo tenemos una redención perfecta, sino que también tenemos una remisión perfecta y perdón de nuestros pecados.

La remisión tiene que ver con lo que hicimos antes de nacer de nuevo. El perdón tiene que ver con lo que hacemos después de nacer de nuevo.

La remisión es la limpieza de todo lo relacionado con nuestra vieja vida. No hay vestigios en la vida divina. Es usted una creación totalmente nueva. No hay cicatrices de pecado sobre usted.

Usted es una nueva criatura creada en Cristo Jesús. Es la justicia de Dios, creada en Cristo Jesús. Está completo en Él. Lo que Dios ha hecho justo es justo. Lo que Dios ha declarado como justo es justo. Lo que Jesús hizo justo en su sacrificio sustitutorio es lo que Dios dice que es: algo completo y perfecto ante sus ojos.

Cuando el creyente, en la quietud de su propio espíritu, reconoce la integridad de la Palabra de Dios, entonces la enfermedad, las dolencias y el fracaso se convierten en cosas del pasado.

"Hijitos, vosotros sois de Dios, y los habéis vencido; porque mayor es el que está en vosotros, que el que

está en el mundo" (1 Juan 4:4). El poder y la capacidad de Dios están en usted ahora mismo. Usted es victorioso en cada combate. No tiene que disculparse por su debilidad. Dios es la fortaleza de su vida.

Lo que Dios dice, es. No hay suposición alguna. Es una realidad absoluta en tiempo presente.

Si Él dice que es usted más que vencedor, lo es; no importa lo poderosas que puedan ser las fuerzas que haya en su contra.

No importa lo que el conocimiento sensorial le haya dicho. *"Derribando argumentos y toda altivez que se levanta contra el conocimiento de Dios... todo pensamiento a la obediencia a Cristo"* (2 Corintios 10:5), y dele a la Palabra de Dios su lugar.

Después, actúe como si no hubiera ningún enemigo en el mundo. Cuando Dios dice que suplirá todas sus necesidades según sus riquezas en gloria en Cristo Jesús (véase Filipenses 4:19), usted no debe tener miedo de hacer ninguna cosa que Él le diga que haga.

El dinero estará ahí para suplir cada obligación. Dios no puede mentir. Su Palabra es una parte de Él mismo. Él y su Palabra son uno.

Dios cuida de que su Palabra se cumpla. Él es totalmente celoso de su Palabra, y cuida de ella con sumo cuidado. Lo único que usted tiene que hacer es recordarle lo que Él ha prometido, y Él hará validar la promesa.

La Palabra de Dios tiene la capacidad de producir bien en todo lo que Él ha prometido. La Palabra de Dios es algo vivo, y produce en el corazón del hombre lo que Él ha prometido hacer.

Nosotros la predicamos y la enseñamos, porque es la Palabra viva hoy.

La Palabra viva

La Palabra no sirve para nada hasta que le añadimos la fe procedente de nuestros labios. Entonces se convierte en una fuerza sobrenatural.

Usted puede aprenderse capítulos enteros de la Palabra de memoria, pero si no los pone por obra, estarán muertos en su vida.

A medida que aplica la Palabra, se convierte en algo vivo. Entonces, cuando da testimonio y confiesa esa Palabra, se convierte en una fuerza dominante en sus labios.

La Palabra de Jesús era la del Padre, pero Él la habló, la vivió, la aplicó. Eso hizo que fuera algo vivo.

Jesús dijo: *"Las palabras que yo os hablo, no las hablo por mi propia cuenta, sino que el Padre que mora en mí, él hace las hace"* (Juan 14:10). Son sus palabras. *"Las palabras que yo os he hablado son espíritu y son vida"* (Juan 6:63).

Nosotros tomamos las palabras de Jesús y las aplicamos. Eso les hace cobrar vida.

Capítulo 22

POR QUÉ PERDÍ MI SANIDAD

Varias personas se han acercado a mí con el siguiente problema: "Me sentí perfectamente bien durante varios días después de que usted orase por mí. Luego regresaron todos los síntomas, y ha sido un infierno desde entonces. ¿Puede decirme cuál es el problema?". Esta es mi respuesta:

Sí, es muy simple. Usted recibió su sanidad por la fe de otra persona. El adversario se aprovechó de su falta de fe y trajo de nuevo los síntomas, lo camufló todo y usted se llenó de temor en lugar de fe.

En vez de levantarse con resolución y enfrentarse al adversario con la Palabra, y ordenar la ruptura de su poder en el nombre de Jesús, usted cedió. ¿Por qué cedió? Porque no tenía fundamento en su fe. Era como el hombre que edificó su casa sobre la arena. La tormenta vino y la destruyó. Lo que tiene que hacer ahora es conocer usted mismo al Señor a través de la Palabra.

Cuando sabe que por su llaga ya fue sanado (véase 1 Pedro 2:24), y lo sabe cómo sabe que dos y dos son cuatro, el adversario no tendrá poder sobre usted.

Cuando conozca el poder y la autoridad que hay en el nombre de Jesús y que usted tiene derecho legal a usarlo, y el adversario ponga sitio contra usted, no se llenará de temor. Simplemente se reirá y dirá: "Satanás, ¿sabías que fuiste destrozado? Sal de mi cuerpo". Y él se irá.

Nadie puede mantener una sanidad que se haya producido como resultado de la fe de otra persona a menos que desarrolle su propia fe a través de la Palabra. Entonces podrá mantener sus propios derechos en la redención de Cristo.

Capítulo 23

EL MÉTODO DE SANIDAD DE DIOS ES ESPIRITUAL

A medida que ha ido estudiando este libro, debe de haber visto que la sanidad es espiritual. No es algo mental como la Ciencia Cristiana y Unidad y otros maestros metafísicos dicen. Tampoco es algo físico como asegura el mundo médico.

Cuando Dios sana, sana a través del espíritu. Cuando el hombre sana, lo hace a través de la mente que está gobernada por los sentidos físicos, o lo hace a través del cuerpo físico.

Podemos entender que las grandes fuerzas de la vida son fuerzas espirituales. El amor y el odio, el temor y la fe, el gozo y la tristeza, todo ello es del espíritu. Usted entiende que el hombre es un ser espiritual y que las mayores fuerzas de la vida son espirituales.

Es algo digno de destacar que cuando Jesús entra en escena como un Sanador, demanda fe. Él declaró repetidamente: *"Tu fe te he salvado"* (Mateo 9:22; Marcos 5:34, 10:52; Lucas 8:48, 17:19). *"Al que cree todo le es posible"* (Marcos 9:23).

Podríamos multiplicar estas frases. Todas ellas demuestran una cosa: todas las sanidades de Jesús fueron espirituales. Él demandaba fe, y la fe nace del espíritu.

En nuestro propio ministerio, donde hemos visto multitudes de personas ser sanadas de muchos tipos de enfermedades incurables, invariablemente han sido sanadas por la Palabra de Dios. *"Envió su palabra, y los sanó"* (Salmo 107:20).

El pecado trajo la enfermedad sobre ellos, pero la Palabra nos liberó. La Palabra es el sanador hoy. El hombre obtiene su sanidad aplicando la Palabra.

Esa acción se llama fe. Hemos descubierto que la sanidad le pertenece al creyente.

Capítulo 24

BUENAS Y MALAS CONFESIONES

D urante mucho tiempo, estuve confundido con el hecho de que en mi propia vida, y las vidas de otros, había un sentimiento continuado de derrota y fracaso. Oraba por los enfermos, sabía que la Biblia era verdad, y buscaba diligentemente para encontrar la filtración.

Un día vi en Hebreos 4:14 que tenemos que aferrarnos a nuestra confesión: *"Por tanto, teniendo un gran sumo sacerdote que traspasó los cielos, Jesús el Hijo de Dios, retengamos nuestra profesión* [confesión]".

Y en el tercer capítulo de Hebreos, descubrí que al cristianismo se le llama "La gran confesión". Me pregunté: "¿A qué confesión me estoy aferrando?".

- Tengo que aferrarme a mi confesión de la absoluta integridad de la Biblia.
- Tengo que aferrarme a la confesión de la obra redentora de Cristo.
- Tengo que aferrarme a mi confesión de la nueva criatura, de recibir la vida y la naturaleza de Dios.
- Tengo que aferrarme a la confesión de que Dios es la fuerza de mi vida.

135

- Tengo que aferrarme a la confesión de que ciertamente llevó Él mis enfermedades, y sufrió mis dolores, y que por su llaga fui curado.

Sin embargo, me resulta muy difícil aferrarme a la confesión de la perfecta sanidad cuando he tenido dolor en mi cuerpo.

Descubrí que había estado haciendo dos confesiones: había estado confesando la absoluta veracidad de la Palabra de Dios, y al mismo tiempo estaba haciendo una confesión de que no había sido sanado.

Si usted me hubiera preguntado: "¿Cree que por su llaga fue curado?", le habría respondido: "Sí, claro".

Pero al instante habría dicho: "Pero aún me duele". La segunda confesión anuló la primera. En realidad yo tenía dos confesiones: primero, una confesión de mi perfecta sanidad y redención en Cristo, y una segunda, de que la redención y la sanidad no eran un hecho.

Entonces, la gran batalla por obtener el dominio sobre mi confesión comenzó, hasta que aprendí a tener sólo una confesión.

Si confieso que "mi Dios suplirá todo lo que necesito", no debo anular esa confesión diciendo: "Sí, Dios suple mis necesidades, pero no puedo pagar mi alquiler; no puedo pagar la factura de teléfono".

La fe se aferra a la confesión de la Palabra. El conocimiento sensorial se aferra a la confesión de las evidencias físicas. Si yo acepto la evidencia física por encima de la Palabra de Dios, anuló la Palabra, según yo entiendo.

Pero me aferro a mi confesión de que la Palabra de Dios es cierta, que por su llaga fui curado, de que mi Dios suple mis necesidades. Me aferro a esa confesión en medio de aparentes contradicciones, y Él está obligado a actuar.

Muchos creyentes han fallado cuando las cosas se ponen difíciles porque perdieron su confesión. Mientras el sol estaba brillando, sus confesiones eran vigorosas, fuertes y claras; pero cuando llegó la tormenta, llegó la prueba y el adversario se aprovechó de ellos, abandonaron su testimonio.

Cada vez que confiesa enfermedad, debilidad y fracaso, eleva al adversario por encima del Padre, y destruye así su propia confianza en la Palabra. Tiene que aferrarse a su confesión aun en medio de una aparente derrota. Tiene que estudiar la Palabra hasta que sepa cuáles son sus derechos, y luego aferrarse a ellos.

Algunos hacen confesiones sin ningún fundamento, y luego el adversario les golpea tremendamente. Usted tiene que descubrir cuáles son sus derechos.

Por ejemplo, usted sabe que la Palabra dice:

- *"Ciertamente llevó él nuestras enfermedades, y sufrió nuestros dolores"* (Isaías 53:4).
- *"Antes, en todas estas cosas somos más que vencedores"* (Romanos 8:37).
- *"Mayor es el que está en vosotros, que el que está en el mundo"* (1 Juan 4:4).

Cuando descubre que cada una de esas cosas es para usted, entonces puede hacer su confesión personal.

Viva su confesión en las duras y en las maduras, en lo bueno y lo malo. Usted sabe que su confesión está en armonía con la Palabra.

Y ellos le han vencido por medio de la sangre del Cordero y de la palabra del testimonio de ellos. (Apocalipsis 12:11)

Capítulo 25

EL SUPREMO SACERDOCIO
DE JESÚS

El ministerio de Jesús a la diestra del Padre como nuestro Sumo Sacerdote es una de las mejores cosas de la revelación paulina.

En mi opinión, el asunto de la autoría de Hebreos está resuelto. Para mí, Hebreos es una parte de la revelación de Pablo. Ningún otro podría haberlo hecho como el apóstol Pablo nos lo dio. Es una revelación de lo que Jesús hizo desde que fue hecho pecado en la cruz hasta que se sentó a la diestra del Padre.

La obra entera se nos da en esta maravillosa puesta en escena de Pablo. No sólo nos hace saber lo que Cristo lo hizo por nosotros en su sustitución, sino que también nos ha hecho saber lo que el Espíritu Santo, a través de la Palabra y sobre la base de la obra sustitutoria de Cristo, hace en la vida del individuo.

Realmente hay cuatro fases en esta revelación.

- Primero, lo que Cristo hizo por nosotros.
- Segundo, lo que el Espíritu Santo, a través de la Palabra, hace en nosotros.
- Tercero, lo que Jesús está haciendo ahora a la diestra del Padre por nosotros.
- Cuarto, lo que su amor hace a través de nosotros en el ministerio.

Empleamos mucho tiempo estudiando lo que Cristo ha hecho por nosotros, pero se ha empleado muy poco tiempo en ver lo que hace en nosotros, e incluso menos tiempo aún en lo que está haciendo ahora en su oficio de Sumo Sacerdote a la diestra del Padre.

Todos sus ministerios por nosotros habrían sido un total fracaso si Él no hubiera continuado ahora un ministerio a la diestra del Padre a nuestro favor.

Jesús murió como el Cordero. Resucitó como el gran Sumo Sacerdote. Su primer ministerio, ya resucitado de los muertos, está ilustrado en Juan 20:15–18.

Jesús se encontró con María después de su resurrección. Ella cayó a sus pies, y no es de extrañar.

Él le dijo: *"No me toques, porque aún no he subido a mi Padre; mas ve a mis hermanos, y diles: Subo a mi Padre y a vuestro Padre, a mi Dios y a vuestro Dios"* (Juan 20:17).

¿Qué quiso decir? Él murió como el Cordero del sacrificio; resucitó como el Gran Sumo Sacerdote.

Por lo cual debía ser en todo semejante a sus hermanos, para venir a ser misericordioso y fiel sumo sacerdote en lo que a Dios se refiere, para expiar los pecados del pueblo.

(Hebreos 2:17)

Él es un Sumo Sacerdote misericordioso y fiel, no en las cosas relativas al hombre sino en las cosas tocantes a Dios. La demanda de la justicia tenía que ser cumplida así como fueron suplidas las necesidades del hombre.

Fue necesario que, como Sumo Sacerdote, hiciera una propiciación por los pecados de las personas. Esto se narra en Hebreos:

Pero estando ya presente Cristo, sumo sacerdote de los bienes venideros, por el más amplio y más perfecto tabernáculo, no hecho de manos, es decir, no de esta creación, y no por sangre de machos cabríos ni de becerros, sino por su propia sangre, entró una vez para siempre en el Lugar Santísimo, habiendo obtenido eterna redención. (Hebreos 9:11–12)

"Pero estando ya presente Cristo". ¿De dónde viene entonces Cristo para estar presente? De los lugares donde había ido como nuestro sustituto, cuando hubo satisfecho las demandas de la justicia, donde hubo satisfecho las demandas de la corte suprema del universo contra la rebelde humanidad.

Él tuvo que llevar su sangre al Lugar Santísimo celestial y sellar el documento de nuestra redención con ella. Su sangre es la garantía de la integridad de nuestra redención. Así como el sumo sacerdote bajo el primer pacto llevaba la sangre al Lugar Santísimo una vez al año y hacía una expiación anual, así llevó Jesús su propia sangre al Lugar Santísimo del cielo e hizo una redención eterna una vez para siempre.

Expiación simplemente significa cubrir el pecado de Israel mientras los pecados se los llevaba el macho cabrío expiatorio.

Con el primer pacto, expiación significaba cubrir la naturaleza de pecado de Israel mientras el macho cabrío expiatorio se los llevaba al desierto. (Véase Levítico 6:5–11, 15–18, 20–22, 30). Con el nuevo pacto, Cristo se convirtió no sólo en nuestro Cordero sacrificial, sino también en nuestro chivo expiatorio, para que pudiéramos estar totalmente limpios de pecado y de la naturaleza pecaminosa:

Porque los cuerpos de aquellos animales cuya sangre a causa del pecado es introducida en el santuario por el sumo sacerdote, son quemados fuera del campamento. Por lo cual también Jesús, para santificar al pueblo mediante su propia sangre, padeció fuera de la puerta. Salgamos, pues, a él, fuera del campamento, llevando su vituperio.

(Hebreos 13:11–13)

La naturaleza de pecado en el hombre que le había hecho quebrantar la ley (no el acto en sí, sino la causa del acto) era antagonista contra Dios y tenía que ser cubierta. Con el nuevo pacto, Jesús llegó y quitó esa naturaleza de pecado por medio de su propio sacrificio. *"Pero ahora, en la consumación de los siglos, se presentó una vez para siempre por el sacrificio de sí mismo para quitar de en medio el pecado"* (Hebreos 9:26).

No eran los pecados que el hombre había cometido; era la naturaleza de pecado del hombre lo que había que quitar. Esa naturaleza de pecado era la muerte espiritual, la naturaleza de Satanás.

Los pecados del hombre eran cosas pequeñas que se podían limpiar fácilmente, pero esa naturaleza de pecado necesitó que el Hijo de Dios mismo se hiciera pecado para que pudiéramos convertirnos en la justicia de Dios en Él.

Él llevó nuestro pecado para que pudiéramos ser justos. Él llevó nuestra muerte espiritual para que pudiéramos tener vida eterna. Él llevó nuestro ostracismo, nuestra naturaleza prófuga, para que pudiéramos ocupar el lugar de hijos con el Padre.

Qué grande fue la gracia sin medida de Dios revelada en el sacrificio de Jesús. Él llevó su propia sangre al Lugar Santísimo celestial, y en vez de hacer una expiación anual, nos dio una redención eterna.

"Por lo cual debía ser en todo semejante a sus hermanos, para venir a ser misericordioso y fiel sumo sacerdote en lo que a Dios se refiere" (Hebreos 2:17). Él es un Sumo Sacerdote misericordioso y fiel.

Dios debía quedar satisfecho. Las demandas de la justicia tenían que ser cubiertas.

Jesús fue hecho pecado, estuvo bajo condenación, y durante tres días y tres noches estuvo en el infierno, encerrado en la prisión de la muerte.

La corte suprema pudo justificarle completamente como nuestro sustituto y declararle totalmente justo. Él cumplió con las demandas de la justicia y fue liberado.

Dios dijo de Él: *"Yo te he engendrado hoy"* (Hechos 13:33). ¿Qué día fue engendrado Cristo? Según lo entiendo yo al leer este pasaje, fue el tercer día que estuvo en el infierno cuando volvió a nacer del Espíritu. Ese fue su nuevo nacimiento.

Fue entonces cuando nosotros fuimos regenerados, porque somos hechura Suya, creados en Cristo Jesús. Allí Él fue justificado en espíritu. No sólo fue declarado justo, sino que fue hecho justo con la misma naturaleza de Dios.

Ahora habiendo sido hecho justo, habiendo conquistado a Satanás y habiéndole despojado de su autoridad, Jesús resucitó de los muertos y la corte suprema del universo puso el sello de aprobación en su obra por nosotros. Después pudo entrar al Lugar Santísimo celestial y sentarse a la diestra de la Majestad en las alturas.

Jesús ha hecho propiciación por nuestros pecados. La palabra *propiciación* significa "sustitución". Él fue hecho el sacrificio sustitutorio por los pecados de las personas. Habiendo sufrido por medio de las tentaciones, es capaz de socorrer a los que son tentados.

"Por tanto, hermanos santos, participantes del llamamiento celestial, considerad al apóstol y sumo sacerdote de nuestra profesión, Cristo Jesús" (Hebreos 3:1). Al cristianismo se le llama "una confesión". A la obra terminada de Jesucristo se le llama "una confesión".

Ahora puede usted entender Romanos 10:9: *"que si confesares con tu boca que Jesús es el Señor..."*.

El cristianismo es una confesión.

- Es una confesión de la obra terminada de Cristo.
- Es una confesión de que Él está sentado a la diestra del Padre al habernos redimido perfectamente.
- Es una confesión de nuestra condición de hijos, de nuestro lugar en Cristo, de nuestros derechos y privilegios.
- Es una confesión de nuestra supremacía sobre la enfermedad y la debilidad, sobre Satanás en el nombre de Jesús.

¡Qué confesión tenemos!

El cuarto capítulo de Hebreos nos lleva un paso más adelante en el desarrollo del ministerio de Jesús como nuestro Sumo Sacerdote:

Por tanto, teniendo un gran sumo sacerdote que traspasó los cielos, Jesús el Hijo de Dios, retengamos nuestra profesión. Porque no tenemos un sumo sacerdote que no pueda compadecerse de nuestras debilidades, sino uno

que fue tentado en todo según nuestra seme-
janza, pero sin pecado. Acerquémonos, pues,
confiadamente al trono de la gracia, para al-
canzar misericordia y hallar gracia para el
oportuno socorro.   (Hebreos 4:14–16)

Todo el ministerio de Jesús se centra en este oficio de Sumo Sacerdote.

- Como nuestro Sumo Sacerdote, Él llevó su sangre al Lugar Santísimo.
- Como nuestro Sumo Sacerdote, Él *"se sentó a la diestra de la Majestad en las alturas"* (Hebreos 1:3).
- Es el Sumo Sacerdote mediador entre Dios y el hombre: *"Porque hay un solo Dios, y un solo mediador entre Dios y los hombres, Jesucristo hombre"* (1 Timoteo 2:5).
- Ningún hombre puede llegar al Padre sino por Jesús, el Sumo Sacerdote. Él dijo: "Yo soy el camino, la verdad, y la vida. Nadie viene al Padre sino por mí". (Véase Juan 14:6.)

Pedro dijo: *"Y en ningún otro hay salvación; porque no hay otro nombre bajo el cielo, dado a los hombres, en que podamos ser salvos"* (Hechos 4:12). Jesús es el único camino a la presencia del Padre sin condenación.

¿Es de extrañar que a la iglesia primitiva se le llamara "el Camino"? "[Saulo] *le pidió cartas para las sinagogas de Damasco, a fin de que si hallase algunos hombres o mujeres de este Camino, los trajese presos a Jerusalén"* (Hechos 9:2). *"Pero endureciéndose algunos y no creyendo, maldiciendo el Camino delante de la multitud, se apartó Pablo de ellos y separó a los discípulos"* (Hechos 19:9). *"Hubo por aquel tiempo un disturbio no pequeño acerca del Camino"* (Hechos 19:23). (Véase también Hechos 16:17; 24:14, 22; Isaías 30:21, 35:8).

Él no es sólo el Sumo Sacerdote y Mediador, sino que también en el momento en que un hombre acepta a Cristo, Él se convierte en su Sumo Sacerdote Intercesor. *"Viviendo siempre para interceder por ellos"* (Hebreos 7:25): por los creyentes.

En Isaías 53:12 y Romanos 8:34, Él es enviado como el Intercesor por los creyentes. Él vive siempre para hacer intercesión. ¡Qué ministerio, qué servicio!

Él no tiene la oportunidad de tomarse vacaciones. No tiene oportunidad de retirarse un momento.

Ningún otro puede actuar como Sumo Sacerdote, como Mediador y como Intercesor.

JESÚS, NUESTRO ABOGADO

Jesús tiene otro ministerio importante. Él es el Abogado.

Cuando el creyente es tentado y Satanás obtiene el dominio sobre él, y él clama en angustia pidiendo misericordia, le oímos a Él susurrar: *"Si confesamos nuestros pecados, Él es fiel y justo para perdonar nuestros pecados, y limpiarnos de toda maldad"* (1 Juan 1:9).

Después termina diciendo en el capítulo siguiente: *"Hijitos míos, estas cosas os escribo para que no pequéis; y si alguno hubiere pecado, abogado tenemos para con el Padre, a Jesucristo el justo"* (1 Juan 2:1).

Él es justo y por eso puede ir a la presencia del Padre cuando perdemos el sentimiento de justicia por nuestros errores. Como nuestro Abogado, Él nos restaura el sentimiento de justicia. Él es el Señor y Cabeza de la iglesia.

David profetizó de Él: *"El Señor es mi pastor; nada me faltará"* (Salmo 23:1).

Jesús es el cuidador, el amante, el novio del Cuerpo. Él es el primogénito de entre los muertos, cabeza de todo principado y potestad. Él es mi Señor resucitado, sentado a la diestra del Padre.

Sígame a través de toda la Epístola de Hebreos, y encontrará una revelación continua de las diferentes fases de su ministerio como Sumo Sacerdote.

"Por tanto, teniendo un gran sumo sacerdote que traspasó los cielos, Jesús el Hijo de Dios, retengamos nuestra profesión" (Hebreos 4:14). Este es el Hijo Sumo Sacerdote.

"Retengamos nuestra confesión". ¿Qué deberíamos retener de nuestra confesión? Tenemos que expresar continuamente nuestra redención, regeneración, nuestra unión con el Padre en Cristo, nuestra victoria sobre las circunstancias, los demonios y las enfermedades, nuestra independencia de la ley natural en Cristo.

Este Sumo Sacerdote, sabiendo que el hombre ha recibido un complejo de inferioridad debido a la muerte espiritual, dice: *"Acerquémonos, pues, confiadamente al trono de la gracia, para alcanzar misericordia y hallar gracia para el oportuno socorro"* (Hebreos 4:16). La palabra *"confiadamente"* significa "libertad para hablar". Acudimos sin ningún sentimiento de culpa o pecado, como un niño se acercaría a un padre terrenal.

Porque no tenemos un sumo sacerdote que no
pueda compadecerse de nuestras debilidades,

147

sino uno que fue tentado en todo según nuestra semejanza, pero sin pecado.

(Hebreos 4:15)

"Porque todo sumo sacerdote tomado de entre los hombres" (Hebreos 5:1) tiene enfermedades, pero Jesús no tuvo enfermedades. No tuvo debilidades, ni pecados ni enfermedades salvo los que tomó que eran nuestros. Él no procedía de la simiente de Leví. Él no estaba en la línea sacerdotal por nacimiento, sino que es un Sacerdote nombrado por Dios:

Juró el Señor, y no se arrepentirá: Tú eres sacerdote para siempre... Por tanto, Jesús es hecho fiador de un mejor pacto.

(Hebreos 7:21–22)

Jesús es nuestro Sumo Sacerdote. Él es la Certeza de este nuevo pacto. El nuevo pacto se dirige a Él. Él fue el Sacrificio del pacto. Su sangre fue la sangre del pacto. Su vida fue la vida del pacto. Ahora, Él es la Certeza de ello.

Cada versículo desde Mateo hasta Apocalipsis está respaldado por el Señor Jesús mismo. Su trono es un símbolo de la garantía de cada palabra. Al igual que Dios se convirtió en la Certeza del pacto abrahámico, Jesús ahora se convierte en la Certeza de este nuevo pacto.

Él puede serlo, porque *"Cristo permanece para siempre"* (Juan 12:34). Su sacerdocio es inmutable. *"Por lo cual puede también salvar perpetuamente a los que por él se acercan a Dios, viviendo siempre para interceder por ellos"* (Hebreos 7:25).

"Porque tal sumo sacerdote nos convenía: santo, inocente, sin mancha, apartado de los pecadores,

148

y hecho más sublime que los cielos" (Hebreos 7:26).
Creo que no hay una expresión más dulce en toda la
revelación que esta. Considérelo en toda su gracia y
belleza y su desbordante amor. Un Sumo Sacerdote así
es perfecto para nosotros.

Somos nuevas criaturas. Estamos en el Amado.
Somos lo más dulce y hermoso que tiene el Padre. Somos miembros de su propio cuerpo.

La Biblia dice de este Cristo, este Sumo Sacerdote:
"[Él] *que no tiene necesidad cada día, como aquellos
sumos sacerdotes, de ofrecer primero sacrificios por
sus propios pecados, y luego por los del pueblo; porque
esto lo hizo una vez para siempre, ofreciéndose a sí mismo"* (Hebreos 7:27). Él fue hecho pecado por nosotros, y
realizó un sacrificio por los pecados para siempre.

Después se sentó a la diestra de la Majestad en
las alturas. ¿Sabe lo que significa cuando dice que se
sentó? Significa que su redención es algo terminado.

Usted ha sido sanado. Está tan bien como Jesús,
en la mente del Padre. Usted es un completo vencedor.

La pobreza, las faltas y las necesidades son cosas
del pasado: *"para alcanzar misericordia y hallar gracia para el oportuno socorro"* (Hebreos 4:16); *"Vuestro Padre celestial sabe que tenéis necesidad de todas
estas cosas"* (Mateo 6:32); *"Mi Dios, pues, suplirá
todo lo que os falta"* (Filipenses 4:19).

Jesús demostró eso en su caminar terrenal. Ali-
mentó a las multitudes. Les dio a los discípulos esa
estupenda letra de cambio del pez. Convirtió el agua
en vino. Sanó a los enfermos y suplió todas las necesidades de los hombres.

Ese es mi Señor. Él es el Mediador de este nuevo
pacto. Él está entre la humanidad y el Padre con sus

manos atravesadas, y su costado herido, y su frente herida de espinos.

Él es el Mediador. ¿Cree que Él rechazará alguna vez a alguien que acude al Padre? ¡Nunca!

Todo hombre que aún no es salvo tiene derecho legal a obtener vida eterna. Jesús hace su parte y le responde en el momento que dice: "Dios, acepto a tu Hijo como mi Salvador y le confieso como mi Señor". El ministerio de sumo sacerdote de Jesús suple cada necesidad del creyente en el instante en que nace de nuevo hasta que llega a la presencia del Padre al final de su vida.

CONCLUSIÓN

*A*caba usted de leer el libro.

No servirá de nada a menos que haya decidido en su mente que va a aplicar los versículos citados. Las promesas que cubren su caso no tienen valor hasta que no las aplique.

Creer es aplicar la Palabra. Fe es el resultado de la acción.

Pero no puede haber sanidad, ni liberación ni victoria hasta que no aplique la Palabra.

Puede hacer que otros actúen por usted, y quizá encuentre alivio temporalmente. Sin embargo, lo que necesita es aprender a actuar por usted mismo.

Nuestra oración es que las personas puedan ver su liberación en Cristo de la opresión y la enfermedad, que puedan ver su redención completa ya comprada para ellos. Por esta razón, estamos dejando este mensaje en el libro para que sea una declaración de la Palabra de Dios sobre nuestros derechos y privilegios en Cristo.

Queremos que acuda a la Palabra para obtener su sanidad.

—Kenyon's Gospel Publishing Society

Acerca del autor

Essek **William Kenyon** (1867–1948) fue evangelista, pastor, presidente de un instituto bíblico, autor, compositor y poeta. Es muy conocido por los numerosos libros que escribió y que siguen teniendo una gran demanda en la actualidad. Los escritos de Kenyon presentan las gloriosas verdades de la revelación del Nuevo Testamento con un lenguaje simple y conciso. Escribió para el espíritu del hombre, dirigiéndose más al corazón que a la mente.

Entender el corazón paternal de Dios, quiénes somos en Cristo y la autoridad y privilegios de los creyentes son temas centrales del mensaje de Kenyon. A través de sus escritos, Kenyon llama a los creyentes a salir del fango de la incredulidad tradicional para alcanzar los profundos y abundantes tesoros de nuestra redención en Cristo. Muchas vidas han sido transformadas al leer sus libros sencillos y a la vez profundos.

Sus primera época

Nacido de una familia pobre en Nueva Inglaterra en 1867, creció con poca educación. Cuando se convirtió de forma espectacular en una reunión de oración metodista a la edad de 17 años, comenzó de inmediato a ganar almas de manera entusiasta. Emergió en él un don y una pasión obvias por los perdidos, cosa que gobernaría su vida. Su don como evangelista comenzó a dar un fruto abundante. También prometió que se convertiría en un educador. Sin embargo, al encontrar las luchas que a menudo llegan a la vida de un recién convertido, Kenyon no tuvo el fundamento necesario para soportar. No había sido discipulado en las doctrinas básicas de la fe, y otros ministerios con más tiempo le llenaron de dudas. Años más tarde, lamentó no haber recibido también el Espíritu Santo en esos primeros años.

Así, E. W. Kenyon gradualmente se fue alejando del Señor. Caminó en oscuridad y con su comunión rota durante dos años y medio. En 1893, recién casado y viviendo en Boston, él y su esposa asistieron a una reunión en la iglesia Clarendon Street Baptist Church, pastoreada entonces por el respetado maestro bíblico A. J. Gordon. En esa reunión, el Espíritu descendió poderosamente sobre Kenyon, y volvió a entregarse al Señor para siempre.

Quiso seguir el patrón que había visto modelado en George Müller, confiando en Dios en todo. Restaurado a su Señor y a su llamado, comenzó inmediatamente a ganar almas para Cristo. En pocos meses, fue ordenado entre los bautistas Free Will y comenzó a pastorear una de sus iglesias.

Pastoreó varias iglesias en Nueva Inglaterra durante algunos años, y luego comenzó una obra independiente. Salió de la denominación para poder confiar en el Señor completamente en cuanto a sus finanzas, insatisfecho con las formas en que se recaudaba el dinero en las iglesias. Él quería seguir el patrón que había visto en George Müller de confiar en Dios para todo.

A medida que Kenyon siguió ministrando, muchos jóvenes se acercaron a él pidiéndole entrenamiento, y él comenzó a considerar abrir una escuela bíblica. Conocía por su propia y amarga experiencia la necesidad de darles a los nuevos creyentes en la fe una buena base. Él se había apartado por la falta de una buena base. Con el cambio de siglo, abrió el instituto bíblico Bethel. Muchos jóvenes llegaron para aprender la Palabra de Dios y la vida de fe. Fue totalmente una obra en fe. No se cobraba ninguna cuota, y los maestros no recibían ningún salario.

Todo se hacía a través de la oración. Maestros bíblicos con una buena formación dejaron buenas posiciones para unirse a Kenyon en su esfuerzo por entrenar a jóvenes y vivir la vida de fe. Fueron entrenados misioneros y enviados desde los institutos alrededor del mundo y por todos los Estados Unidos.

Los años postreros

Kenyon abandonó la costa este en 1923 y se realojó en Southern California. Predicó para muchos pastores de la zona y fue muy bien recibido. Los milagros de sanidad eran algo común cuando él predicaba. Finalmente, Kenyon pastoreó una obra en Los Ángeles, la cual creció hasta tener unos mil miembros. En ese tiempo, tenía dos libros publicados y una publicación mensual. Una audiencia entusiasmada le saludaba en cada una de sus múltiples reuniones semanales.

Kenyon se cambió de lugar por tercera vez. Esta vez se mudó al noroeste, afincándose finalmente en

Seattle. Reanudó el ministerio de radio, el cual había comenzado mientras estuvo en Los Ángeles, y pronto descubrió que había una audiencia que apreciaba su enseñanza. Las reuniones públicas pronto se convirtieron en iglesia. Enseguida comenzaron a funcionar la iglesia New Covenant Baptist Church, el instituto Seattle Bible Institute y la editorial The Herald of Life.

El ministerio de escritura de Kenyon floreció en sus años en el noroeste. Revisó sus primeros dos libros y publicó muchos otros. Su hija, Ruth, terminó de compilar dos libros casi terminados tras su muerte. Estos libros de edificación continúan siendo de refrigerio y ánimo, e iluminando a quienes los leen, retándoles a poseer todo lo que Cristo compró para ellos en su obra terminada.